Bodensee

Helmut Fidler

Bodensee
Wie es damals war

BUCHER

Inhalt

Der idyllische Ort Unteruhldingen mit den ersten wiederaufgebauten Pfahlbauten.

Nachfolgende Doppelseite: Pflügender Bauer bei Wasserburg am Bodensee.

Vom »Winkel am Ende der Welt« zur »Idylle vom Bodensee«

Es ist erst gut zwei Jahrhunderte her, dass der Bodensee von Reisenden seiner landschaftlichen Lage und Schönheit wegen aufgesucht wurde. Bis Anfang des 19. Jahrhunderts gehörte für kulturinteressierte Reisende allenfalls der Besuch des ehemaligen Konzilsortes Konstanz zum Pflichtprogramm, die Landschaft löste beim Betrachter damals noch keine Begeisterung aus. Als Hortense de Beauharnais, die Stieftochter Napoleons, im Dezember 1815 erstmals den Bodensee bei Konstanz erreichte, schien ihr die Gegend nur ein »Winkel am Ende der Welt« zu sein. Hier hoffte die aus Paris Vertriebene Zuflucht zu finden. Liest

Konstanzer Marktstätte mit Hotel Adler, um 1830.

man andere Reiseberichte aus dieser Zeit, so bestätigen sie den Eindruck der holländischen Ex-Königin: Leer stehende Häuser, Gras zwischen den Steinen und der »Trunksucht« ergebene Bewohner schreckten die Touristen an der Wende zum 19. Jahrhundert ab. Dass Hortense de Beauharnais' erster Eindruck von Konstanz und dem Bodensee so enttäuschend ausfiel, dürfte auch am Wetter gelegen haben – sie erreichte die heimliche Hauptstadt der Seeregion an einem trüben und regnerischen Dezembertag. Bereits wenige Monate später war sie am See heimisch geworden, und das über dem See gelegene Schloss Arenenberg wurde ihr bevorzugter Wohnsitz und blieb es bis zu ihrem Tod 1837.

Eduard Mörike veröffentlichte 1846 die »Idylle vom Bodensee«.

Das Biedermeier brachte eine Landschaftsschwärmerei mit sich, die den »Winkel am Ende der Welt« zu einer *Idylle vom Bodensee* werden ließ. Unter diesem Titel veröffentlichte Eduard Mörike die Erlebnisse einer Reise an den Bodensee. Es ist die erste Werbeschrift für diese Region, welche in den kommenden Jahrzehnten zu einem beliebten Reiseziel betuchter Bürger wurde. »Oh Freund! Was hätte ich nicht darum gegeben, Hand in Hand mit Dir diese Gegend zu durchwandern, deren Reize genügend zu beschreiben, ich mich nur zu unfähig fühle«, schrieb der später für seine Landschaftsparks berühmt gewordene Hermann Graf von Pückler-Muskau an einen Freund. Ihn beeindruckte die Verbindung von Natur, Wasser, Licht und Bergen, wie man sie bis heute an den Ufern des Sees erleben kann. An Föhntagen erschei-

Der buchtenreiche Untersee bei Mammern.

nen zum Greifen nahe die schneebedeckten Alpengipfel, aus denen, so der Reiseschriftsteller Emanuel Geibel, »voll Majestät der königliche Säntis dort, bedeckt vom Hermelin des Schnees, die mächtigen Schultern reckt«, ein Schauspiel, das damals wie heute die Touristen in seinen Bann zieht und nach wie vor bestimmend für die Wahrnehmung der Bodenseeregion ist. Es sei diese Verbindung von natürlich erhaltenen Uferlandschaften, der Weite des Sees und dem schon südlich anmutenden Licht mit der grandiosen Bergkulisse der Alpen, meint der am Bodensee aufgewachsene Autor Manfred Bosch, welche auf den Betrachter die »Wirkung eines Rauschmittels« habe.

Der Blick auf die Landschaft konnte kaum gegensätzlicher sein: Das Alpenglühen, das dem Reisenden Worte des Entzückens entlockte, galt den hier wohnenden Fischern und Bauern als Hinweis auf einen Wetterwechsel. Wie in den Bildern eines Carl Spitzweg überdeckte die vom Betrachter wahrgenommene Idylle die raue Alltagswirklichkeit. Die Armut war gewissermaßen die Kehrseite der Idylle. Auch am Bodensee war das Leben auf dem Lande einfach und hart, und wem es für das Lebensnotwendigste nicht

Blick von Wasserburg auf die Alpen.

reichte, der versuchte um die Wende zum 20. Jahrhundert, in den rasant wachsenden Städten der Region Arbeit zu finden. Hinter der glänzenden Fassade der Uferpromenaden verbargen sich auch hier von Armut geprägte Siedlungen der Arbeiter, und die Auslagen in den Schaufenstern waren nicht für jeden erschwinglich.

Den Bodensee zu beschreiben, wie er früher war, bedarf beider Perspektiven – der des hier lebenden Bauern und Fischers wie der des gutbürgerlichen Touristen, der die idyllische Uferlandschaft des Bodensees erlebt. Den Alltag der Rebleute, Bauern und Fischer gilt es darzustellen, die von ihrer Hände Arbeit kaum leben konnten. Zugleich ist von der Sommerfrische und den mondänen Hotels zu erzählen, die in den vergangenen 150 Jahren am Seeufer entstanden. Auch soll an die Menschen erinnert werden, die während zweier Weltkriege hier in den Städten gelebt und gearbeitet, sich organisiert und gegen Arbeitszeiten von täglich über 13 Stunden gekämpft haben. In dieser Zeit war der Bodensee zugleich Zufluchtsort – diesseits und jenseits einer Grenze, die früher keine gewesen ist und während des Zweiten Weltkriegs für viele unüberwindbar war.

Drei Seen und ein Fluss

Der Bodensee ist den Alpen vorgelagert und nach dem Genfer See der zweitgrößte See dieses Gebirges. Mit einer Wasseroberfläche von 473 Quadratkilometern ist er der drittgrößte europäische See, vom Wasservolumen her der zweitgrößte. Dass er der größte deutsche Binnensee sei, ist ein weitverbreiteter Irrtum, denn drei Staaten teilen sich ihn: Deutschland, Schweiz und Österreich stoßen mit ihren Territorien an das Seeufer. Mit 173 Kilometern Länge besitzt Deutschland den größten Anteil an der Gesamtuferlänge von 273 Kilometern. Das südliche Ufer mit einer Länge von 72 Kilometern liegt mit Ausnahme der Stadt Konstanz in der Schweiz.

Anders als die übrigen großen Alpenseen präsentiert sich der Bodensee nicht als einheitlich gestalteter See. Schaut man genau hin, so sind es drei Seen mit jeweils eigenem Charakter und ein Fluss, die unter dem Begriff Bodensee zusammengefasst werden.

Aus den Alpen kommend ergießt der Rhein bei Bregenz seine mit Schlamm und Erosionsmaterial angereicherten Fluten über ein breites Mündungsdelta in den Obersee. Bereits vor 100 Jahren hat man den Lauf des Alpenrheins eingedämmt, um die Anwohner vor dem wiederkehrenden Hochwasser zu schützen. Die Mündung schob sich nun jährlich um 40 Zentimeter in den See hinein – seit 1900 mehr als vier Kilometer.

Schaut man aus der Vogelperspektive, ist deutlich zu erkennen, wie die schlammigen Rheinfluten im blaugrünen See versinken. Dennoch lässt sich der Weg des Rheins durch den Obersee anhand der Strömung gut verfolgen. Er fließt zuerst gen Friedrichshafen, folgt dann dem Nordufer bis Meersburg, wo er den Überlinger See rechts liegen lässt, um durch den Konstanzer Trichter den Obersee wieder zu verlassen. Für einen guten Kilometer wird er ein träge dahinfließender Strom, um dann an der Insel Reichenau vorbei nach Stein am Rhein zu eilen, wo endlich die Fließgeschwindigkeit so hoch ist, dass man wieder von einem Fluss sprechen kann.

Der Obersee hatte in seiner Geschichte schon viele Namen. Die Römer bezeichneten ihn als Lacus Venetus, Lacus Brigantinus oder Lacus Constantia, erst im Mittelalter setzte sich der Name *Lacus Bodamicus* – zu deutsch Bodensee – durch. Mit einer Ausdehnung von 63 Kilometern in west-östlicher und 14 Kilometern in nord-südlicher Richtung umfasst er den größten Teil des Wasserfläche des Bodensees. Im Westen findet er seine Fortsetzung im fjordartigen Überlinger See. Von ganz eigener Art präsentiert sich der Untersee mit der größten Insel des Bodensees, der Reichenau. Sanfte Hügel, Buchten und Halbinseln gliedern sein Ufer. Blickt man von der Südseite, etwa vom schweizerischen Schloss Arenenberg, über den See, wirkt die Landschaft wie eine große Gartenanlage mit Wäldern, Seen und Bergen, der Blick reicht weit in die Vulkanlandschaft des Hegau hinein.

Rheineck, im Hintergrund die Rheinmündung in den Bodensee.

Jeder Seeteil hat seine Insel: Am östlichen Ende des Obersees liegt die Insel Lindau; die Mainau im Überlinger See ist bekannt für ihren Blumenschmuck, und im Untersee trägt die Insel Reiche-

Berlingen am Untersee.

nau drei Klosterkirchen, die heute zum Weltkulturerbe gehören. Acht weitere Inseln zählt der Bodensee, davon allein fünf im Untersee. Auch wenn keine von ihnen an die Bedeutung ihrer drei großen Schwestern heranreicht, haben die fünf bis heute bewohnten Inseln eines gemeinsam: Ihre Besiedlung geht auf die Gründung eines Klosters zurück.

Jeder Seeteil hat auch seine ganz eigene Stadtkultur. Im Osten reiht sich eine Stadt an die andere, hier führte der Handelsweg von Ulm nach Mailand am See vorbei – über Ravensburg, Lindau und Bregenz nach Feldkirch und Chur im Rheintal. Friedrichshafen gewann erst mit dem Zeppelin und den daraus resultierenden Fabrikgründungen Bedeutung – seit gut 100 Jahren sind hier Technik und Industrie zu Hause. Am Nordufer des Überlinger Sees ist die namengebende alte Kaiserstadt Überlingen zu nennen, in längst vergangener Zeit reich geworden durch den Kornhandel mit der Schweiz. Anders als Konstanz vermochte Überlingen mit der Modernisierung nicht Schritt zu halten. Konstanz selbst war und ist die heimliche Hauptstadt des Bodensees. Auf dem Schweizer Seeufer ist sie die einzige bedeutende Stadt geblieben; Romanshorn und Rorschach bilden zusammen mit St. Gallen im Hinterland ein weiteres wirtschaftliches Zentrum.

Der Untersee kannte vier Städte an seinem Ufer. Drei von ihnen – Allensbach, Radolfzell und Steckborn – gründeten Mönche der Reichenau, um ihre Besitzungen im Hinterland zu verwalten. Stein am Rhein bewacht den Ausfluss des Rheins aus dem Bodensee. Alle vier sind bis heute klein und beschaulich geblieben. Erst Schaffhausen schaffte es dank des Rheinfalls, zu einer mächtigen Handelsstadt aufzusteigen – hier musste alle Ware ausgeladen und um den Rheinfall herumgetragen werden. Der Zoll auf die Waren ließ die Stadt wohlhabend werden. Mit dem Bau der Eisenbahn verlor sie ihre wirtschaftliche Bedeutung und liegt heute im Hinterland des Sees. Denn der Rheinfall, der für viele Besucher des

Konstanz mit Gredhaus – Konzil genannt – und Münster.

Beliebtes Postkartenmotiv um 1900 – das großherzogliche Schloss auf der Insel Mainau.

Bodensees einer der größten Anziehungspunkte ist, gehört – 26 Kilometer vom Ende des Sees entfernt – eigentlich nicht mehr zur Seeregion. Und er liegt, anders als immer wieder einmal angenommen, auch nicht in Deutschland, sondern in der Schweiz.

Reiseziel Bodensee

Der Bodensee gehört zu den bekanntesten deutschen Reisezielen. Fragt man den Reisenden, in welche Landschaft er denn reise, wird er mit der Antwort zögern. Er will die Ufer dieses Sees besuchen, doch rechtfertigt das allein schon, von einer eigenen Bodenseelandschaft zu sprechen? Liegen doch gleich mehrere deutsche, schweizerische und österreichische Landschaften in unmittelbarer Seenähe – man kann auch sagen, der See verbindet sie oder grenzt sie gegeneinander ab.

Im Westen ist es die Vulkanlandschaft des Hegaus, die der Rhein vom benachbarten schweizerischen Thurgau trennt. Die Landschaft des Thurgaus wiederum gliedert sich in einen schmalen Uferstreifen, den breiten Seerücken und die dahinterliegende weite Aue des Thurtals. Ähnliches ist am Nordufer des Bodensees zu beobachten. Auch hier ist der Uferstreifen schmal – nördlich von Überlingen steigt das hügelige Hinterland rasch um über 100 Meter an. Der wenige Kilometer vom See entfernt liegende Ort Heiligenberg liegt bereits 300 Meter über dem See. Von Meersburg bis Friedrichshafen weicht die sogenannte Seehalde einem hügeligen Uferabschnitt, der sich mit dem Tal der Schussen weit nach Oberschwaben hinein öffnet.

Die im Bodensee gelegene Insel Lindau ist das Tor zum wenige Kilometer entfernten Allgäu, dessen Fortsetzung, der Bregenzer Wald mit dem Pfänder, steil zum Seeufer hin abfällt. Am gegenüberliegenden schweizerischen Ufer reicht das bergige Appenzeller Land bis dicht an den See. Es verfügt über wunderbare Aussichtspunkte auf den Bodensee. So kann man einen Fünf-Länder-Blick von der Sonnenterrasse des 800 Meter hoch gelegenen

Der Rheinfall bei Schaffhausen.

Uferidylle auf der Halbinsel Höri.

Kurortes Heiden genießen. Doch gehört der Ort Heiden noch zur Landschaft des Bodensees oder bereits zum Appenzellerland, wie es seiner politischen Zugehörigkeit entspricht? Die Übergänge der Landschaften im Bodenseeraum sind fließend.

Die politische Gliederung des Bodenseeraums ist ein weiteres Indiz dafür, wie schwierig es ist, von einer eigenständigen Bodenseelandschaft zu sprechen. Drei Staaten teilen sich heute die Wasserfläche des Bodensees. Und da sie sich über die Besitzverhältnisse nicht haben einigen können, gehört der See allen gemeinsam. Deutschland, Österreich und die Schweiz verwalten die Hoheitsrechte seit 1890 in Form eines Kondominiums – Regelungen für Schifffahrt und Fischerei werden gemeinsam abgesprochen. Wer den Bodensee befährt oder in ihn eintaucht, befindet sich genau genommen bereits im Ausland und sollte einen Ausweis dabeihaben. Kontrolliert wird heute allerdings nur noch selten.

Die Uferlandschaft des Bodensees

Was macht nun die Bodenseeregion und damit die Landschaft des Bodensees aus? Fragt man die Bewohner, was denn zur Region Bodensee gehöre und was sie ausmache, ergibt sich ein recht eindeutiges Bild: Bestimmt wird die Landschaft durch den See und durch die Sprache, die an seinen Ufern gesprochen wird. Trotz der Grenzen ist es der alemannische Dialekt, der überall am Seeufer gesprochen und verstanden wird, je nach Region unterschiedlich gefärbt. Wichtig ist für die Bewohner auch die Orientierung der Dörfer und Städte zum See. Ein Stück See muss schon zu sehen sein, um dazuzugehören, anders gesagt: Die Bewohner des Sees haben selbigen vor Augen, sie hocken mit dem Rücken zur angrenzenden Landschaft. Und das ist fast immer ein Bergrücken, der die Seebewohner vom Hinterland trennt.

So fühlt sich ein Thurgauer Seeanwohner eher den Bewohnern der in Sichtweite gegenüberliegenden Höri verbunden als der im Hinterland liegenden Verwaltungsmetropole. Bewohner von Orten wie Frauenfeld, Weinfelden oder Singen am Hohentwiel zählen sich bereits nicht mehr zur Seeregion. Nur der alte Handelsort Ravensburg ist umstritten: Für die deutsche Bevölkerung zählt die Stadt zur Bodenseeregion, für Bewohner des schweizerischen Ufers dagegen nicht mehr. Es ist ein Uferstreifen von wenigen Kilometern – mal nur zwei oder drei, mal zehn Kilometer breit –, der die Bodenseelandschaft ausmacht und bestimmt.

Blick auf die Meersburg.

Denn es gibt sie, die Bodenseelandschaft, wenn man den Besuchern des Sees glauben darf. Sie beeindruckt die Verbindung von

Natur, Wasser, Licht und Bergen. Beschrieben worden ist die Landschaft des Bodensees in zahlreichen Reiseberichten und Reiseführern. Es sind fast immer Fremde, Zugereiste gewesen, die diese Berichte verfasst haben, manchmal auf Unverständnis der hier einheimischen Bauern stoßend, die sich über das Verhalten der Städter wunderten. »So, ganget ihr wieder amol spaziere?«, wurde Hermann Hesse vor dem Ersten Weltkrieg von den Höri-Bauern spöttisch gefragt, wenn er mit Freunden über die hügeligen Felder wanderte.

Der tägliche Überlebenskampf war hart und gestattete dem Bauern unter der Woche solch modernes Freizeitverhalten nicht. Für ihn war der See mit seinen schilfbestandenen Ufern nicht in erster Linie ein schöner Anblick. Die sumpfig-feuchten Wiesen gaben kein Heu, Hochwasser konnte die Ernte der ufernahen Felder gefährden, ebenso am Ufer stehende Fachwerkhäuser, weshalb die bäuerlichen Ortschaften bis heute weitab vom See liegen – zum Bedauern der Feriengäste fehlt ihnen nur allzu oft der Seeblick.

Uferlandschaft mit Blick auf Romanshorn am Schweizer Ufer.

Nachfolgende Doppelseite: Werbeplakat für den Bodensee – bereits um 1900 wurden Gäste aus ganz Europa erwartet.

Hafeneinfahrt von Lindau mit Leuchtturm und bayrischem Löwen.

Scesa Plana
2968 m.
Altmann
2435 m.
Säntis
2504 m.
Bodens
Heiden
St. Gallen
Rheineck
Rorschach
Bregenz
Arbon
Lindau
Romanshorn
Wasserburg
Langenargen
Friedrichshafen
Meersburg
HAMBURG
AMSTERDAM
BERLIN
LONDON
BRÜSSEL
CALAIS
FRANKFURT
STRASSBURG
STUTTGART
NÜRNBERG
BOULOGNE
PARIS
ULM
KONSTANZ
LINDAU
BODEN-SEE
ZÜRICH
BUCHS
LYON
GENF
MAILAND
VENEDIG
GENUA
MARSEILLE
NIZZA
FLORENZ

BERNER-OBERLAND
Finsteraarhorn
4275 m.
Jungfrau
4167 m.
und Rhein
Mammern
Stackborn
Gottlieben
U. Reichenau
Radolfzell
Bodman
CONSTANCE

Kulturraum Bodensee

Die Kulturgeschichte des Bodenseeraumes reicht über 6000 Jahre zurück. Damals zogen von Südwesten her die ersten Bauern an das Seeufer. Sie bauten ihre Häuser auf Pfähle und prägten so die Landschaft für fast 3000 Jahre. Kelten und Römer ließen sich hier nieder, bis in den Zeiten der Völkerwanderung ein Zusammenschluss germanischer Stämme, Alemannen genannt, die römische Grenze überrannte und den Bodenseeraum zu seinem neuen Siedlungsgebiet machte. Im Mittelalter stand der Bodenseeraum im Mittelpunkt des europäischen Interesses. Zwei Welterbestätten erinnern heute an die Zeit der Mönche am Bodensee: die Klosterinsel Reichenau und das Kloster St. Gallen. Die Bibliotheken und Schreibstuben dieser Klöster gehörten zu den wichtigsten Zentren mittelalterlicher Geistigkeit. Ein letztes Mal stand die Bodenseeregion vor 600 Jahren im Fokus: Die Spaltung der katholischen Kirche – gleich drei Päpste beanspruchten den Thron Petri – konnte auf dem Konzil zu Konstanz (1413–18) überwunden werden.

Im Mittelalter lag der Bodensee im Schnittpunkt bedeutender Handelswege: Die alte Salzstraße führte aus dem Salzkammergut bis nach Lindau und Bregenz. Eine Besonderheit brachte die Reformation mit sich: Vom evangelischen Lindau aus wurden die protestantischen Kantone der Schweiz mit Salz versorgt, von Bregenz aus die katholischen. Die Waren wurden auf Schiffe verladen und über Schaffhausen – hier musste aus- und umgeladen werden – nach Basel transportiert. Aus der Kaufmannsstadt Nürnberg führten gleich zwei Wege in die Bodenseeregion: der eine über Ulm, Ravensburg und Lindau in die Alpenstadt Chur und weiter nach Mailand, der andere über Pfullendorf nach Schaffhausen und weiter nach Zürich, Genf und Lyon. Mit dem Ausbau der Gotthardroute verlagerte sich der Handelsweg nach Italien. Der Bodenseeraum verlor an Bedeutung und Konstanz in der Mitte des 16. Jahrhunderts seine Funktion als freie Reichsstadt. Aus dem eins-

tigen kulturellen Mittelpunkt Europas war eine abgelegene Provinz geworden.

Die politische Neuordnung zu Beginn des 19. Jahrhunderts änderte daran wenig. Das Bodenseeufer wurde nun unter die fünf Länder Baden, Württemberg, Bayern, Österreich und Schweiz aufgeteilt. Der politischen Neuordnung folgte die kirchliche: Das Bistum Konstanz, das sich über alle fünf Länder erstreckt hätte, wurde zerschlagen. Baden erhielt mit Freiburg im Breisgau ein eigenes Bistum, Württemberg mit Rottenburg und die Ostschweiz mit St. Gallen. Nur der Thurgau wurde – wohl aus einer alten Rivalität heraus – dem Bistum Basel zugeteilt, welches nun bis an die Tore von Konstanz reichte. Weitab von den jeweiligen Residenzstädten verband der Bodensee die letzten Zipfel dieser Länder. Die Folge war eine Benachteiligung der Region bei der Schaffung einer

1922 wurden die ersten Nachbauten im Pfahlbaumuseum Unteruhldingen erstellt.

Das mächtige Westwerk der Klosterkirche in Reichenau-Mittelzell.

neuen Verkehrsinfrastruktur. Zuerst wurde in die jeweilige Residenzstadt investiert. Die Eisenbahn erreichte den See erst spät, und die Bahnhöfe am See blieben Endpunkte der jeweiligen Landesbahnen. Der See wurde zum Verkehrshindernis – die Schaffung eines Verkehrsnetzes rund um den See ist bis heute unterblieben.

Die politische Neuordnung trennte bisher Verbundenes, die neue Landeszugehörigkeit und das aufkommende nationale Denken hinterließen in der Bodenseeregion tiefe Spuren. Seit dem 15. Jahrhundert hatte man nur zwischen Eidgenossen und Schwaben unterschieden – umgangssprachlich Kuhschweizer und Sauschwaben genannt –, nun wurde differenziert zwischen Badenern, Württembergern und Bayern. Neue Rivalitäten entstanden an Grenzen, die kurz zuvor noch keine gewesen waren und deren Ziehung mehr oder weniger willkürlich erfolgte.

Der Tourismus, der seit dem Ende des 19. Jahrhunderts aufblühte, hat die Bodenseelandschaft nachhaltig verändert. War zunächst die Schweiz mit den Alpen das bevorzugte Reiseziel Erholung suchender Bürger, galt nun das Bodenseeufer als idealer Ort für Sommerfrische und Kur. Ausgehend vom Appenzeller Ort Gais hatte die Molkenkur im 19. Jahrhundert auch das Bodenseeufer erreicht. Der noch warmen Ziegenmolke, einer beim Käsen übrig bleibenden gelbgrünen, etwas fad schmeckenden Flüssigkeit, traute man wundersame Heilkräfte zu. Während die Bauern gern bereit waren, ihre sauren Wiesen gewinnbringend an wohlhabende Städter zu verkaufen, gerieten industrielle und touristische Nutzung nicht selten in Konflikt miteinander. Denn der Bodenseeraum erlebte zugleich einen industriellen Aufschwung: Schweizer Betriebe drängten auf den gerade erst entstandenen

Markt des Deutschen Reiches – Maggi, Schiesser, Hügli und andere gründeten in Grenznähe auf deutschem Boden Zweigbetriebe, die den Mutterbetrieb an Wirtschaftskraft bald überholten. Umgekehrt siedelten sich deutsche und schweizerische Betriebe im österreichischen Bregenz an, um von dort den österreichisch-ungarischen Markt zu beliefern. Die mit der Gründung des deutschen Zollvereins 1835, der Schweiz 1848 und dem Deutschen Reich 1871 neu entstandenen Zollgrenzen veränderten die Industrielandschaft ebenso wie die Landwirtschaft. Traditionelle Absatzmärkte lagen nun hinter einer Grenze, die in der Zeit der Weltkriege immer undurchlässiger wurde. Die rasch wachsenden Städte und der Eisenbahnanschluss eröffneten den Bauern zugleich neue Absatzmöglichkeiten.

Bregenz mit Alpenkulisse, um 1900.

Bäuerlicher Alltag im Wandel

Günstige klimatische Bedingungen und gute Bodenverhältnisse ermöglichten den Bauern am Bodensee eine intensive Bodenausnutzung. Wein-, Gemüse- und Obstanbau rangierten vor dem Körneranbau, welcher im Hinterland betrieben wurde. Da Wasser ein guter Wärmespeicher ist, blieben bereits im April die Nächte am See frostfrei, und die ersten Nachtfröste im Herbst erreichten das Seeufer erst im November. Wenn die Lufttemperatur zu stark abkühlte, bildeten sich schützende Nebel. Diese besonderen Verhältnisse ermöglichten den Bauern auf der Reichenau und auf der Halbinsel Höri bis zu zwei Ernten im Jahr.

Der Strukturwandel in der Landwirtschaft hat das Aussehen der Uferdörfer in der Seeregion in den letzten 50 Jahren grundlegend verändert. Nur selten ist heute noch die ursprüngliche bäuerliche Struktur zu erkennen. Manches Gehöft wurde abgerissen, vieles in Ferienquartiere umgewandelt. Zuvor war in den Dörfern jahrzehntelang wenig gebaut worden. Erst das touristische Interesse an Wohnungen in Seenähe und mit Seeblick löste um 1900 wieder eine Bautätigkeit aus. Der Wandel vom Bauerndorf zur Wohnsiedlung nahm in den 1960er- und 70er-Jahren zu. Am schweizerischen Seeufer hatte bereits mit Beginn des 20. Jahrhunderts eine Bebauung der Seeufer eingesetzt, doch das schwindende Interesse der deutschen Touristen, dort Urlaub zu machen, führte gerade in der Schweiz dazu, dass in diesen Dörfern bis heute viel an alter Bausubstanz erhalten geblieben ist. Nur wenige Kilometer vom Seeufer entfernt, auf dem Thurgauer Seerücken, sind noch heute gewachsene Bauerndörfer zu finden.

Der Wandel in der Landwirtschaft ist auch am Wechsel der angebauten Getreidearten ablesbar. Im 19. Jahrhundert dominierte noch der Dinkel. Wenige Jahre nach der Jahrhundertwende löste ihn der Winterweizen ab, gefolgt von Hafer und Roggen.

Bäuerliches Gehöft bei Sipplingen.

Bis in die 1950er-Jahre zogen auf der Höri Ochsen den Pflug.

(K)ein Dorf am See

Noch heute fällt auf, dass die bäuerlichen Siedlungen abseits des Seeufers auf der höher gelegenen Halde lagen. Die Feuchtigkeit des Sees schadete dem Fachwerk ebenso wie den eingelagerten Vorräten. Hochwasser konnte Saatgut und Ernte vernichten. In den wenigen Dörfern, die sich bis zum Seeufer hinunterzogen, findet man heute noch die Teilung in Unter- und Oberdorf. Im Unterdorf wohnten die Fischer und einige kleinere Handwerker, die im Dorf ihr Auskommen hatten, auch Kleinbauern und Tagelöhner. Das bäuerliche Oberdorf lag auf hochwassergeschütztem Terrain in sicherer Entfernung vom See.

Der Bodenseeraum war fast ausschließlich von kleinen bis mittleren Bauernhöfen geprägt. Selbst die ehemaligen grundherrlichen Höfe verfügten nur über eine Grundfläche von maximal 14 Hektar. Die im 19. Jahrhundert praktizierte Realteilung führte schließlich zu Hofgrößen von bis zu vier Hektar. Das günstige Klima und die gute Bodenqualität führten zu einer Wirtschaftsweise, die sich jener der Gärtnerei annäherte und eine bescheidene, aber auskömmliche Lebenshaltung sicherte.

Die Häuser der Bauern waren diesen Lebensbedingungen angepasst. Klein und bescheiden blieben die Behausungen. Rebbau und Fischerei, die in vielen Dörfern am Seeufer die Lebensgrundlage bildeten, erforderten nur wenig Raum. Fischer und Handwerker betrieben vielfach nebenher noch eine kleine Landwirtschaft für den Eigenbedarf. Zwei bis vier Kühe im Stall lieferten Milch und Dung und mussten oft auch als Zugtiere Dienst tun. Wer etwas wohlhabender war, konnte sich Zugochsen leisten. Pferde gab es nur wenige auf den Höfen. Diese nutzte man für die Holzarbeit im winterlichen Wald und für den Nebenberuf des Fuhrmanns.

»Riegelhaus« nennt man am Bodensee Gebäude aus Fachwerk.

Der am See am häufigsten anzutreffende Bauernhaustyp war das Einhaus. Meist bodeneben gebaut, bot es Tier und Mensch

Die Dorfstraße von Wangen am Untersee in den 1930er-Jahren.

Schutz unter einem Dach. Im 18. Jahrhundert war dieser Haustyp zweistöckig geworden. Vom Hauseingang führte nun ein Flur mit Treppenaufgang in das Haus. Im Erdgeschoss befand sich neben der großen Küche – in ihr spielte sich das tägliche Leben auf dem Hof ab – noch die gute Stube, ausgestattet mit Kachelofen und dem Stubentisch in der Mitte des Raumes. Unentbehrlich blieb die Küchenkammer, die als Vorratsraum genutzt wurde. Im oberen Stockwerk waren die Schlafkammern untergebracht. Unter dem Dach, unmittelbar am Kamin, befand sich die Räucherkammer. Auf größeren Höfen gab es hier noch ein bis zwei Kammern für das Gesinde.

Wenige Kilometer landeinwärts war der Körneranbau die wirtschaftliche Grundlage der Bauern, was größere Bauten erforderte – Schopf und Stall bildeten eigene Gebäudeteile. Dies gilt auch für die ehemaligen Ausbauhöfe, die von Klöstern oder Grundherren angelegt worden waren.

In den Höhenlagen des Bregenzer Waldes oder des Appenzeller Landes über dem See entwickelte sich eine eigene Bauweise. Auf dem schweizerischen Seeufer versah man die Häuser mit einem Schindelmantel. Auch das Dach wurde mit Holzschindeln eingedeckt, bis diese Art der Dachdeckung 1906 aus feuerpolizeilichen Gründen verboten wurde. Auffallend an der in der Schweiz gegen Ende des 19. Jahrhunderts bevorzugten Bauweise war der Einbau einer Dachgaube in Form eines Zwerchgiebels. Das fand an den anderen Seeufern ebenso wenig Nachahmung wie der am westlichen Ende des Sees verwendete sogenannte Kniestock. Im Thurgau und vor allem im Schaffhauserland war diese Dachform bei Neubauten gerade auch von Bauernhäusern im 19. Jahrhundert weitverbreitet. Auf dem deutschen Seeufer findet man den Kniestock fast nur in den christlich-jüdischen Dörfern am Hochrhein. Jüdische Kaufleute hatte die Bauform bei ihren Handelsreisen kennengelernt und bei ihren Neubauten verwendet.

Das Erbrecht

Das Bodenseegebiet lag zwischen den beiden großen Anerbengebieten Schwarzwald und Oberschwaben. In diesen Regionen wurde der Hof, getrennt vom restlichen Vermögen, als Ganzes vererbt, meist an den ältesten oder den jüngsten Sohn. Gab es keinen männlichen Erben, kam die älteste Tochter zum Zuge. Am Bodenseeufer ist diese Praxis im Bereich Immenstaad belegt, in Regionen mit kleinen Bauernhöfen gab es keine einheitliche Regelung. Die politischen Reformen des 19. Jahrhunderts beeinflussten auch das Erbrecht mit der Folge, dass im Erbfall die Äcker unter den Erben aufgeteilt wurden und die Höfe dadurch kleiner und unrentabler wurden. Nach Möglichkeit wurde versucht, dies durch gezielte Heiraten zu umgehen. Eine weitere Teilung der landwirtschaftlichen Flächen hätte die Bewirtschaftung unmöglich gemacht. Wenn möglich, erhielt bei mehreren Söhnen einer eine Ausbildung zum Pfarrer, später auch zum Lehrer. Mittlere Söhne versuchten, in einen Hof ohne eigene Söhne einzuheiraten und diesen dann weiterzuführen. Die Brautsuche war für heiratswillige Bauernsöhne nicht einfach. Zu Beginn des 20. Jahrhunderts entwickelte sich die Kirchenzeitung des Bistums Freiburg, das *Konradi-Blatt*, zu einer Kontaktbörse. Der jüngste oder der älteste Sohn hatte die Aufgabe, den Hof weiterzuführen und die Eltern im Alter zu versorgen.

Der bäuerliche Alltag

Bis ins 20. Jahrhundert hinein bestimmte die Versorgung der Tiere den bäuerlichen Tagesablauf. Vor Beginn des Tagwerks auf den Feldern musste das Vieh gefüttert und gemolken werden. Auf den Feldern benötigte auch das Zugvieh eine Pause und einen Schatten spendenden Baum. Dazu wurden hochstämmige Birnbäume mit breiter Krone gepflanzt, deren Früchte eine willkommene Unterbrechung der Feldarbeit im Herbst darstellten. Viehtränke und -fütterung bestimmten den Zeitraum, der auf den Feldern verbracht werden konnte.

Zur Tränke wurde das Vieh an den Dorfbrunnen geführt – zumindest solange, bis eine Wasserversorgung auch auf den Dörfern eingerichtet war. Bis dahin blieb der Brunnen ein wichtiger Ort der Kommunikation im Dorf. Später übernahm das Milchhäusle diese Funktion.

Hermann Hesse, der 1904 nach Gaienhofen auf der Höri gezogen war, liefert uns einen anschaulichen Bericht über das Treiben am Dorfbrunnen: »In der Stunde vor Mittag ... ist großer Cercle am Brunnen. Da kommt aus dem ganzen Dorfe, von Bauern, Weibern und Burschen begleitet, das Vieh zur Tränke. Ochsen, Kühe, Rinder und Kälber kamen daher, die meisten homerisch schwer hinwandelnd, manche aber auch voll Mutwillen oder Tücke, bald störrisch rückwärts strebend, bald feurig springend und tanzend. Da wurde ein weißbärtiger alter Mann von zwei straken Rindern böswillig hin- und hergezerrt und konnte kaum vorwärtskommen, während aus einer anderen Gasse her eine riesige trächtige

Kuh sich sanftmütig von einem sechsjährigen Mädchen führen ließ. Um den Brunnen her sammelten sich Vieh und Menschen, und es wurde in der Reihenfolge streng auf Ordnung gehalten. Die zuletzt gekommen waren, mussten am längsten Geduld haben, denn bis an sie die Reihe kam, war der Trog bis zum Boden leer getrunken und man musste das Wasser sich erst wieder ein bisschen sammeln lassen. Schon fürs oberflächliche Zuschauen ist diese Tränke schön und merkwürdig, wenn man aber erst auf die einzelnen Tiere achtet, sie einzeln kennenlernen will und miteinander vergleicht, den Viehstand der verschiedenen Bauern beobachtet und daraus auf ihre Wohlhabenheit oder Armut, auf die Sorgfalt der Pflege, die Güte der Ställe, des Futters usw. zu schließen beginnt, dann wird die Tränke zum Mittelpunkt und zugleich zur Chronik des Lebens der Gemeinde, dann sieht man Tiere wie Leute mit anderen Augen an und erstaunt darüber, wie eng sie zusammenhängen und wie unentbehrlich eins dem anderen ist.«

Neben Ochsen wurden auch Milchkühe als Zugtiere eingesetzt.

Von der Traube zum Wein

Am Bodensee ist heute das südlichste und höchstgelegene Weinanbaugebiet Deutschlands zu finden. Dabei gehört dieser Bereich zu den klimatisch benachteiligten Weinregionen, der See gleicht die Nachteile aber wieder aus: Er wirkt stabilisierend auf die Temperaturen, und im Herbst, wenn die Sonne nochmals mit sommerlicher Kraft auf die Reben brennt, wirkt die Wasserfläche wie ein Spiegel und verstärkt die Sonneneinstrahlung auf die Uferhänge.

Bis weit ins 19. Jahrhundert hinein war die Landwirtschaft im gesamten Bodenseeraum vom Weinbau geprägt. Bereits in vorgeschichtlicher Zeit gab es Wildreben am Bodensee, wie Funde am Schiener Berg belegen. Die Tradition des Weinanbaus haben wohl die Römer an den Lacus Brigantinus gebracht, wie der See damals hieß. Historisch bezeugt ist er seit dem 8. Jahrhundert an vielen Orten. Größeren Umfang nahm der Weinbau erst in der Zeit der Staufer an. Weitverbreitet war die Rebsorte Elbling, aus der ein leichter Weißwein gekeltert wurde.

Im Sprachgebrauch der Bauern hat der Weinanbau ganz eigene Spuren hinterlassen. So ist im alemannischen Dialekt für die Weinlese der Ausdruck »Wimmeln« gebräuchlich, und der Weinbauer ist ein »Wimmler«. Im benachbarten schweizerischen Thurgau bezeichnet man die Weinernte als »Wümmet«. Möglicherweise ist der Ursprung im römischen *videmia* zu suchen, was »Lese« bedeutet. Aus dem Lateinischen kommt auch der Name für die Presse, die andernorts Kelter genannt wird. Die alemannische Bezeichnung Torkel geht auf das lateinische *torquere* für »drehen» oder »drücken« zurück.

Für die Verbreitung des Weinbaus sorgten die mittelalterlichen Klöster. Nicht nur hatten die Bauern den Zehnten in Form von Wein abzuliefern, die Klöster bewirtschafteten auch selbst große Weingüter. So besaß das Kloster Salem am Nordufer des Bodensees Rebflächen, die von Lindau im Osten bis nach Stockach im Westen und landeinwärts bis an die Halde verteilt waren. Wein wurde

neben Getreide wichtigstes Handelsgut der Region, der Besitz von Rebflächern galt »Goldes wert«.

Weinernte am Untersee.

Wein war ein fester Bestandteil der Lebenskultur am Bodensee. So verwundert es nicht, dass die Obrigkeit immer wieder die Weinseligkeit der Untertanen tadelte. Im 19. Jahrhundert sprach man zahlreiche Wirtshausverbote gegen namentlich benannte Personen aus in der Hoffnung, dass deren Alkoholkonsum dadurch geringer würde. Man muss jedoch bei alldem berücksichtigen, dass der Wein bis ins 19. Jahrhundert hinein einen geringeren

Heimfahrt nach der Weinernte, im Hintergrund Wangen am Untersee.

Alkoholgehalt hatte als heute und dass die schlechte Wasserqualität Bürger und Bauern zu Wein und Most greifen ließ. Wasser war bis ins 20. Jahrhundert ein höchst problematisches Lebensmittel, weil eine Verseuchung oder Verschmutzung mit dem Auge oft nicht zu erkennen war. Dem Alkohol im Wein sprach man dagegen desinfizierende Wirkung zu und trank deshalb Wasser mit Wein vermischt. Das mag auch der Grund dafür gewesen sein, dass man sich um die Qualität des Weins vorerst nicht besonders kümmerte.

So bemerkte bereits der Verfasser einer Beschreibung des Oberamtes Tettnang im Jahre 1838: »Die Weinlese, Wimmeln genannt, findet in der Regel sehr frühe statt, theils Folge alten Herkommens, theils auch, weil der zur Herbstzeit eintretende Föhnwind die Fäulniß der Trauben begünstigt. [...] Die Qualität des erzeugten Weines ist die aller Bodenseeweine, übrigens, wie überall, nach Lage und Bau sehr verschieden: es werden viele schlechte, aber auch manche gute Weine erzeugt. In neuern Zeiten regt sich überall ein Bestreben nach Verbesserung des Weinbaues; die ungeeigneten Lagen werden zum Obstbau und andern Culturen verwendet, die schlechtern Traubensorten mit bessern – Ruhländern und Traminern, die von der Weinverbesserungs-Gesellschaft bezogen werden, vertauscht, und es wird auch auf eine bessere Bereitung des Weins Bedacht genommen.«

Angebaut wurde vorwiegend der Elbling. »Der weiße Elbling trägt große engbeerige Trauben, die spät reifen und vielen Most, aber wenig Geist geben«, hatte der württembergische Hofdomänenrat Gock bereits 1834 kritisiert. Die »Gesellschaft für Weinverbesserung in Württemberg« empfahl den Anbau neuer Rebsorten und betrieb aktiv die Einfuhr von Rebstöcken aus den USA. Diese wurden mit staatlicher Hilfe verteilt und auf Mustergütern angebaut. Mit diesen Rebstöcken gelangten aber auch Schädlinge wie die Reblaus ins Land. Die Anbauflächen am Bodensee wurden damals infiziert, die Erträge sanken. Zusätzlich sorgten billige Weinimporte für Absatzprobleme. Für viele Rebbauern lohnte der Anbau nicht mehr. Schlechte Weinjahre mit geringen Erträgen sowie eine verstärkte Hinwendung zum Obstanbau und zum Genuss von Obstmost trugen zur Verringerung der Anbauflächen bei. In der Region Friedrichshafen riss man 1906 die letzten Reben aus dem Boden und setzte nun ganz auf den Obstanbau.

Aus der Not geboren – die Genossenschaft

In Hagnau am Nordufer führten schwindende Absatzmöglichkeiten, Rebkrankheiten und Missernten zu einem massiven Abbau der Rebgärten. Hatte die Anbaufläche 1830 noch bei 2000 Hektar gelegen, so sank sie bis 1913 auf 900 Hektar und erreichte 1960 den Tiefststand von 130 Hektar. Heute beträgt sie etwa das Vierfache des Tiefststandes.

Um der sich verschlechternden Einkommenssituation der Winzer entgegenzutreten, setzte sich der Hagnauer Pfarrer Heinrich

Winzerin auf der Höri.

Hansjakob für die Gründung einer Absatzgenossenschaft ein. Nach zwei Missernten erfolgte schließlich am 20. Oktober 1881 im Hagnauer Rathaus die Gründung des Hagnauer Winzervereins mit dem Ziel, einen angemessenen Weinpreis durchzusetzen und die Weinqualität zu verbessern. Von den Genossenschaftlern war viel Disziplin gefordert: In schlechten Zeiten lieferten sie gern an die Genossenschaft, doch bei guten Jahrgängen stand das Eigeninteresse im Vordergrund. Jeder versuchte, für seinen Wein einen guten Preis zu erzielen. Doch die Genossenschaft konnte nur Erfolg haben, wenn alle sich an die Regeln hielten und ihre Ernte – ob guter oder schlechter Jahrgang – an die Genossenschaft ablieferten.

In Hagnau erkannten die Bauern, welche Vorteile ihnen der genossenschaftliche Zusammenschluss bot. Der von Hansjakob gegründete Winzerverein wurde Vorbild für zahlreiche badische Winzergenossenschaften, so auch für die 1896 gegründete Genossenschaft Winzerverein Reichenau: »Es erscheint über jeden Zweifel erhaben, dass ein gut geführter Winzerverein nach dem Muster Hagnau und Meersburg dem Weinbau der Insel Reichenau zu großem Segen werden müsste. Ich war deshalb hocherfreut, bei Konstituierung des dortigen Consumgütervereins im Spätherbst vorigen Jahres wahrnehmen zu dürfen, wie sich die Stimmung für eine derartige Einrichtung günstig bewies, dass sich sofort eine Unterabteilung des neuen Consumvereins zu einer Weinabsatzgenossenschaft zusammentat, die sich in der Folge um den Verschleiß des 1895er Produkts große Verdienste erwarb«, heißt es in einer Mitteilung des landwirtschaftlichen Bezirksvereins Konstanz an das Großherzogliche Bezirksamt vom 15. Juni 1896.

Der Erfolg der Genossenschaften zeigt sich bis heute: Hagnau, Meersburg und Reichenau zählen neben dem Staatsweingut Meersburg und den Anbauflächen des Markgrafen von Baden zu den wenigen noch aktiven Weinbaugebieten am deutschen Bodensee.

Herr Müller aus dem Thurgau

Im ausgehenden 19. Jahrhundert hatte man erkannt, dass sich nur mit Qualitätsweinen noch erfolgreich wirtschaften ließ. Dazu waren Neuzüchtungen von Reben notwendig. Diese erfolgten in Musterweingütern und landwirtschaftlichen Lehranstalten. Einer der bekanntesten Rebenzüchter gab der von ihm kreierten Traube seinen Namen: Hermann Müller wurde 1850 am Ufer des Untersees im thurgauischen Tägerwilen geboren. Er begann seine Züchtungsversuche 1882 in Geisenheim, ab 1892 arbeitete er in Wädenswil am Zürichsee. Von dort gelangten seine Rebstöcke an das landwirtschaftliche Versuchs- und Ausbildungszentrum Schloss Arenenberg. Auch wenn die Fachwelt von der neuen Rebsorte nicht überzeugt war, erschien die Rebe dem badischen Winzer Johann Röhrenbach besonders geeignet für die klimatischen Bedingungen am Bodensee. Er hielt sie für so Erfolg versprechend, dass er im Winter 1925 heimlich Rebstöcke von Schloss Arenenberg zum Weingut Schloss Kirchberg schmuggelte, das den Markgrafen von Baden gehörte und dessen Verwalter er war. Nach mehreren Missernten hoffte er eine widerstandfähige und ertragreiche Rebe zu haben.

Nachfolgende Doppelseite: Weinberge über dem Untersee zwischen Schloss Arenenberg und Burg Salenstein.

Hermann Müller aus Tägerwilen im Kanton Thurgau züchtete die nach ihm benannte Rebsorte.

Anfänglichen Schwierigkeiten mit staatlichen Behörden und dem Anbau – die Trauben wurden anfangs zu spät geerntet – zum Trotz entwickelte sich die nun Müller-Thurgau genannte Rebe in den 1950er-Jahren zur wichtigsten Rebsorte am Bodensee. Nach den harten Frostjahren 1955–57, in denen fast alle Elbling-Rebstöcke erfroren, setzten nun auch bisher kritische Winzer auf den Müller-Thurgau.

Von Gemüse-, Obst- und Hopfenbauern

Der Genossenschaftsgedanke setzte sich in der Landwirtschaft durch. Dem Weinbau folgten zunächst Milchgenossenschaften und dann solche, die den Anbau und Absatz von Obst und Gemüse förderten und verbesserten.

Über 1000 Jahre war auf der Insel Reichenau der Weinanbau der wichtigste landwirtschaftliche Erwerbszweig gewesen. Auch wenn gern an den Reichenauer Abt Walahfrid Strabo und sein in Aachen geschriebenes Werk über den Gartenbau erinnert wird, der Gemüseanbau erreichte auf der Insel erst im 19. Jahrhundert größere wirtschaftliche Bedeutung. Noch 1822 heißt es über den Garten- und Obstanbau: »Beide haben in der Insel nichts Ausgezeichnetes.« Doch bereits zu dieser Zeit lieferten die Reichenauer – und auch die Höri-Bauern – Gemüse in die nahe gelegene Schweiz und in die Städte der Umgebung. Einige Reichenauer Bauern zogen bereits 1822 Setzlinge von »Runkelrüben, Randich [Rettich], Kabis [Kohl], auch anderen Kohlarten« und verkauften diese »auf den benachbarten badischen und schweizerischen Wochenmärkten zu hunderttausenden«.

Obstanbau auf der Insel Reichenau, vor 1900.

Dass der Gemüseanbau im Bodenseeraum bereits eine Tradition hatte, zeigt die Beschreibung des Oberamt Tettnang aus dem Jahr 1838: »Von Hülsen- und Schoten-Früchten werden vorzüglich Erbsen und Bohnen, Acker- und Garten-Bohnen häufig gebaut. Sehr ausgedehnt ist insbesondere der Bau von Garten-Boh-

Die Insel Reichenau aus der Luft, noch ohne Gewächshäuser (ca. 1925).

nen, Zwerg-Bohnen, hier Kichern, am See Fasolen (Phaseolen) genannt; in der Gegend von Tettnang, Hirschlatt etc. sieht man ganze Bezirke damit angepflanzt, und es gehen alljährlich mehrere tausend Scheffel in die Schweiz. Auch Welschkorn [gemeint ist Mais] wird häufig gebaut. Kartoffeln, Bodenkohlraben, Weißkraut etc. sind Hauptgegenstände des Brachbaues. Rüben wurden bisher wenig gebaut; der Runkelrübenbau ist erst in neueren Zeiten auf dem Königl. Gute Manzell und auf dem Ernsthof eingeführt worden; seitdem hat aber der gute Erfolg, womit diß geschehen ist, viele Landleute zur Nachahmung bewogen. Sehr häufig werden auch Kürbiss gepflanzt; sie werden zum Viehfutter, besonders für die Schweine verwendet, der innere Teig wird auch, mit den Kernen zu einem Muße gekocht, häufig von armen Leuten gegessen.«

In der zweiten Hälfte des 19. Jahrhunderts pflanzten die Winzer der Insel Reichenau Bohnen zwischen die Reben, was damals zwar allgemein üblich, der Qualität des Weines jedoch abträglich war. 1895 wurden 5000 Zentner Bohnen im Rebland geerntet – ein Großteil davon wurde per Schiff in die Konservenfabriken in Lindau und Rorschach transportiert. 1898 folgte die Gründung einer Konservenfabrik auf der Insel, die dort bis etwa 1912 produzierte und dann nach Konstanz verlagert wurde, wo sie noch bis 1938 bestand. Verarbeitet wurden Busch- und Stangenbohnen, Erbsen, Möhren und Blumenkohl sowie Tomaten zu Tomatenmark. Die Bohnen mussten geputzt angeliefert werden. In der Erntezeit waren daher die Familien abends damit beschäftigt, die Bohnen für die Fabrik zu richten. Mit dem Putzen des Gemüses erzielten viele Familien einen willkommenen Nebenverdienst.

Erzwungen hatte den Wandel von der Wein- zur Gemüseinsel auch der Eisenbahnanschluss von Konstanz im Jahr 1863. Nun

Gasse in Mittelzell auf der Insel Reichenau.

Werbeaufnahme der Reichenauer Gemüse eG, um 1960.

erreichten den See preiswerte und qualitativ bessere Weine aus anderen Anbauregionen, vor allem dem Elsass, was den Weinbau in der Bodenseeregion in eine Krise stürzte, da der Bodenseewein einen hohen Säuregehalt aufwies, sodass »eine nicht von Jugend auf daran gewöhnte Zunge ihn kaum als genießbar findet«, hieß es in der Reichenauer Ortsbereisung von 1885. Waren 1860 noch 195 Hektar auf der Insel Reichenau mit Reben bepflanzt, betrug die Anbaufläche 1936 nur noch 29 Hektar. Heute sind es 13 Hektar.

Gab es um 1900 erst 30 Betriebe, die sich dem Gemüseanbau widmeten, hatte sich deren Zahl bis 1918 bereits vervierfacht. Von 1920 bis 1930 verdoppelte sich die Anbaufläche für Gemüse erneut. Der harte Frost im Winter 1929 brachte den Weinbau auf der Insel fast ganz zum Erliegen. Erst seit diesem Jahr setzte sich die Bezeichnung »Gemüseinsel Reichenau« durch. Damals begann auch der Bau von Gewächshäusern, die das Aussehen der Insel veränderten und bis heute prägen.

Der Absatz von Gemüse bedeutete harte Arbeit. Den Markt in Konstanz beschickten die Bauern mit voll beladenen Handkarren. Zwei bis drei Zentner Ware galt es auf unbefestigten Straßen in

aller Frühe 10 bis 14 Kilometer weit in die Stadt zu schieben. Eine andere Transportmöglichkeit bot das Dampfschiff, welches auf der Strecke Konstanz–Schaffhausen verkehrte. Bereits am Abend vor dem Markttag wurde das Gemüse mit dem Schiff nach Schaffhausen verschickt. Während der Bauer die Ware begleitete, folgte die Bäuerin am nächsten Tag mit dem Frühzug, um den Verkauf am Marktstand zu übernehmen.

Gemüse- und Salatanlieferung am Bahnhof Reichenau. Die Salatsteige erleichterte den Transport.

Die Händler transportierten ihre Ware auch mit der Gundel – so nannten die Reichenauer ihr Transportschiff – zur nächsten Bahnstation nach Allensbach, Mannenbach oder Radolfzell. Mit dem Zug konnten so die Märkte in Singen, Schaffhausen und St. Gallen erreicht werden. Bereits 1913 lieferten Gemüsehändler per Bahn bis nach Nürnberg, München, Ulm und Stuttgart sowie in eine ganze Reihe von Städten in der Schweiz. Die Anschaffung von Lastwagen in den Jahren 1926 und 1927 bedeutete gegenüber den bisher benutzten Pferde- oder Kuhgespannen eine erhebliche Erleichterung. Ab 1938 gab es spezielle Gemüsezüge, was die Transportzeiten verkürzte. Im gleichen Jahr erfolgte auch die Einführung der Salatsteige und damit einen schonende Behandlung der Ware. Bis dahin waren Weidenkörbe benutzt oder in der Haupterntesaison bis zu 10 000 Stück Salat offen in einen Waggon geschichtet und auf die Reise nach Stuttgart geschickt worden.

Die politischen Veränderungen der 1930er-Jahre bekamen auch die Gemüsebauern zu spüren. So war in der *Bodenseerundschau* vom 9. Mai 1933 zu lesen: »Die Ausfuhr von Gemüse aller Art ist dieses Jahr stark gedrosselt. Dies kommt zum Teil von den Schutzzollmassnahmen der Schweiz, meistenteils aber von der Hartnäckigkeit, mit der ein großer Teil der schweizerischen Abnehmer deutsche Waren, also auch deutsches Gemüse, boykottieren. Dem Reichenauer Gemüsebauern sollte indessen geholfen werden. [...] Wäre es nicht etwa auch möglich, Militärkasernen, Arbeitslager, Gefängnisse und Internierten-Lager mit den hochqualifizierten Gemüseerzeugnissen der Insel Reichenau zu versorgen. [...] Wäre es nicht auch denkbar, dass Volksküchen, Krankenhäuser, Altersheime, Waisenhäuser, Kinderheime, Industrie-Kantinen und auch die übrige Bevölkerung in den Städten durch eine ... neue Absatzorganisation in den Genuss von solch billigen Frühlingsgemüsen gebracht würden?«

Zwei Jahre später folgte ein Aufruf an die deutsche Hausfrau: »Du und wir können helfen und müssen helfen, wenn deutsche Volksgenossen in Not sind. Für eine solche Hilfe sind nicht nur Spenden an das Winterhilfswerk möglich, sondern diese Hilfe kann auch darin bestehen, dass du, deutsche Hausfrau, deinen

Apfelernte in Wangen am Untersee.

Die Mosterei Möhl setzte bereits 1925 Saurer-Lastwagen für den Transport ein.

Angehörigen zuhause, für deren leibliches Wohl du sorgen musst, statt ausländischem Blumenkohl und Salaten gutes deutsches Gemüse, wie Reichenauer Rosenkohl, Feldsalat, Weißkohl und Wirsing vorsetzt. [...] Überwinden wir alle Vorurteile gegen deutsches Gemüse, wenn solche überhaupt noch bestehen sollten. [...] Darum beherzigt die Mahnung: Gemüsebau in Not, kauft deutsches Frischgemüse! Schon in den nächsten Tagen muss es einsetzen, bei allen Volksgenossen, der regelmäßige, wöchentlich wiederkehrende Reichenauer-Gemüsetag!«

Vom Apfel zum Saft

Dank der besonderen klimatischen Bedingungen, die der Bodensee durch seine Wasserfläche bewirkt, hat der Obstbau hier eine lange Tradition. Ortsnamen wie Birnau, Apflau oder Nußdorf zeugen davon. Lange Zeit diente der Obstbau der Selbstversorgung. Gegen Ende des 19. Jahrhunderts trat eine Änderung ein: Dank der schnelleren Transportmöglichkeiten konnte das Bodenseeobst nun auch in weit entfernte Städte geliefert werden. Der traditionelle Streuobstanbau wurde ergänzt durch Tafelobst-Produktion. Das zunehmende Interesse an Obstmost und die rasch wachsenden Städte boten den Bauern neue Absatzmöglichkeiten. Unterstützt wurde der Obstanbau durch die in Württemberg seit Ende des 18. Jahrhunderts eingerichteten Baumschulen, die zu einer qualitativen Verbesserung der Obstsorten führte.

Werbeplakat der Obstgenossenschaft Bodensee, vor 1930.

Bereits 1895 richtete der Schweizer Gastwirt Möhl Saftkeller unter seinem Gasthaus ein und begann mit dem Verkauf des vergorenen Apfelmostes an andere Restaurants. 1917 führte der Schweizer Robert Schloer die industrielle Fertigung von Most ein. Sein Nachfolger Jules Schloer entwickelte 1922 ein Verfahren zur Herstellung von alkoholfreiem Apfelsaft, das die Obstproduktion am Bodensee revolutionierte. Es brauchte aber noch fast zehn Jahre, bis sich die neue Technik durchsetzte. Als Erste begann die Radolfzeller Obstbaugenossenschaft Bodensee 1931 mit der Süßmostproduktion. Dank der Verbindung mit dem Schweizer Fruchtsaftpionier Jules Schloer konnte 1935 in Radolfzell eine moderne Anlage zur Fruchtsaftproduktion in Betrieb genommen werden.

Im Jahr darauf gründeten obstbautreibende Landwirte aus dem Kreis Lindau die Lindavia-Genossenschaft »zur Verwertung des im hiesigen Obstanbaugebietes anfallenden Obstüberschusses, aufgebaut auf bäuerlicher Grundlage«. »An Straßen, Feldwegen und in weniger guten Lagen finden wir in der Hauptsache Mostbirnen angebaut, die vorzugsweise in der häuslichen Most- und Weinbereitung sowie Brennerei Verwendung finden. [...] An warmen Abhängen und innerhalb der Ortschaften zieht der fortschrittliche Obstzüchter das Beste, was an wertvollen Tafelbirnen überhaupt erzeugt werden kann. Die würzige Williams Christbirne, Klapps Liebling, Herzogin Elsa haben mit anderen solche Verbreitung gefunden, dass sie in ganzen Waggonladungen zum Versand kommen. In Wasserburg und dem Stadtgebiet herrscht neben der Spalierbirnenzucht der Apfelanbau vor. Weißer Klarapfel, Berner Rosen, Schöner von Boskoop, Josef Munch, Welschisner sind wenige von den bekannten Sorten. Sämtliches Tafelobst wird nach Möglichkeit dem Frischverbrauch zugeführt. Zu diesem Zweck wurde vor einigen Jahren in Wasserburg eine Obstversteigerungshalle nach holländischem Muster errichtet. Während und noch nach der Haupterntezeit gehen täglich aus dem Stadt- und Landgebiet Lindau eine große Anzahl Waggonladungen in alle Gegenden Deutschlands.« Allein im Jahr 1935 wurden 445 Eisenbahnwaggons Tafelobst und 128 Waggons Mostobst von Lindau nach auswärts verschickt.

Vom Hopfen zum Pils

Auch wenn der Genuss von Bier in Deutschland eine lange Tradition hatte, führten erst der Rückgang des Weinanbaus und ein Wandel der Trinkgewohnheiten im 19. Jahrhundert zu einer Renaissance dieses Getränkes. Bier galt als Getränk der Germanen und wurde deshalb von national gesinnten Deutschen bevorzugt konsumiert. Ein weiterer Grund für die Zunahme des Bierkonsums im ausgehenden 19. Jahrhundert waren Fortschritte in der Bierherstellung und -konservierung. Dazu zählten die untergärige Brauweise für die Herstellung von Pils und die Erfindung von Kühlmaschinen durch die Firma Linde. Der besondere Geschmack des Bieres nach Pilsener Brauart wurde durch hell gedarrtes Malz und die Zugabe von Hopfen erreicht. Letzterer war bereits nach dem bayrischen Reinheitsgebot Bestandteil des Bieres, doch erst im 19. Jahrhundert setzte sich dieses endgültig durch. Eines der

Bei der Hopfenernte musste die ganze Familie mithelfen.

Nachfolgende Doppelseite: Hopfenernte bei Tettnang.

besten Hopfenanbaugebiete befindet sich nördlich des Bodensees in der Region Tettnang. Erwähnt wurde der Tettnanger Hopfenanbau bereits 1150. Doch erst seit 1844 erfolgte der Anbau in größerem Ausmaß. Bis 1914 waren es 1214 Familien, die sich dem mit mühsamer Handarbeit verbundenen Hopfenanbau widmeten.

Auch die Rebbauern am See stellten Ende des 19. Jahrhunderts auf Hopfen um. In Hagnau residierte eigens der Agent eines Nürnberger Hopfenaufkäufers. »Die Einführung des Hopfenanbaus wurde zum wahren Segen der Gemeinde. An einem Tag wurden 100 bis 200 Ballen gesackt und nach Tettnang geführt oder auch mit dem Schiff nach Friedrichshafen verfrachtet. Wenn gut verkauft wurde, gab es am Schluss der Hopfenernte, ›Henke‹ genannt, ein üppiges Mahl, wonach Heiterkeit bis spät in die Nacht anhielt«, berichtet der Chronist des Winzervereins. 1936 kam der Hopfenbau in Hagnau zum Erliegen. Der Tettnanger Hopfen genießt bis heute Weltruhm.

Fischer am Bodensee

Zu den ältesten Gewerben am Bodensee zählt neben der Landwirtschaft die Fischerei. Bereits vor 6000 Jahren bezogen die in den Pfahlbaudörfern am Seeufer lebenden Bauern einen Teil ihrer Nahrung aus dem Fischfang – der See und seine Nutzung waren ausschlaggebend für den Bau ihrer Wohnhäuser auf Pfählen gewesen. Im Mittelalter ergänzte Fisch als Fastenspeise den Speisezettel der Bürger und Mönche. Das Kloster St. Gallen besaß ebenso wie andere Klöster umfassende Fischereirechte, die gegen Abgabe eines Anteils am Fangertrag an örtliche Fischer verliehen wurden. Neben den Klöstern regelten die Städte im Mittelalter den Fischfang durch Fischereiordnungen. Auf diese Weise sollte die Versorgung der Bürger mit Fisch gewährleistet sein. Geregelt wurden in den Bestimmungen der Zugang zu dem Beruf des Fischers und das zu benutzende Fanggerät.

Ziel dieser Verordnungen war es auch, den Raubbau an den Fischbeständen auf ein Mindestmaß zu beschränken. Eine einheitliche Regelung für den Bodensee war aber nie zustande gekommen. Auf Drängen der Fischer wurde 1790 eine sogenannte »Fischerumsaß« nach Konstanz einberufen, weil »die ihrer Natur nach sonst so ergiebige Fischerei auf dem Bodensee so weit heruntergesunken sei, dass sich diejenigen, die sich damit abgaben, kaum kümmerlich davon nähren und vor Armut schützen können«. Zu den Zielen der Zusammenkunft gehörten die Forderung nach Schonzeiten in der Laichzeit, Fangverbote für Jungfische, Schonung der Fischnahrung und eine genaue Beschreibung der erlaubten Fanggeräte. Auch eine Beschränkung der Zahl an Fischern wurde erwogen. Doch die gut gemeinten Bemühungen verliefen im Sande.

Ende des 19. Jahrhunderts machten die Anrainerstaaten die Fischerei zum Thema. Nationale Fischereiordnungen wurden erlassen, doch eine konkrete Abstimmung scheiterte vorerst an der fehlenden Einigung über die Grenzen im See. Am 3. Juli 1893 konnte schließlich in Bregenz die »Übereinkunft der Bodensee-

Die großen Netze mussten von bis zu vier Fischern eingeholt werden.

staaten über die Anwendung gleichartiger Bestimmungen über die Fischerei am Bodensee« unterzeichnet werden. Auch wenn über die rechtliche Frage der Besitzanteile der jeweiligen Länder am Bodensee keine Einigung erzielt werden konnte, sollten Anzahl und Größe der Schwebnetze sowie Schonzeiten für Felchen und andere Fische nun doch einheitlich festgelegt werden. 1915 wurde die Höchstzahl der Patente, die zum Fischfang in den tiefen Gewässern außerhalb der Halde berechtigen, auf die bis heute geltende Höchstgrenze von 435 festgesetzt; davon entfielen 247 auf Deutschland, 150 auf die Schweiz und 38 auf Österreich, aufgeteilt nach dem jeweiligen Anteil an der Uferfläche. In einer wissenschaftlichen Untersuchung von 1970 heißt es dazu: »Durch die Verbesserung der Fischfanggeräte und durch die steigende Zahl der Fischer seit Beginn des 20. Jahrhunderts hat die Fischerei im Obersee jenen Stand erreicht, an dem die Natur nicht mehr das wiedergeben kann, was ihr entzogen wird. Außerdem wären die Fischbestände ohne gesetzliche Schutzvorschriften auch durch die Gewinnsucht und die mangelnden fachlichen Kenntnisse mancher Fischer gefährdet.«

Der Brotfisch der Bodenseefischer war der Felchen, wobei zwischen dem Blaufelchen des Obersees und dem etwas kleineren Gangfelchen im Untersee zu unterscheiden ist. Zu den ertragreichen Fischarten zählten zu Beginn des 20. Jahrhunderts noch der Hecht und die Seeforelle. Weißfische, die zwar in großer Menge gefangen wurden – 16 Prozent des Gesamtfangs –, brachten den Fischern wegen des geringen Preises aber nur fünf Prozent des Gesamtertrags ein.

Netzhenke auf der Insel Reichenau.

Arbeitsalltag eines Berufsfischers

Der Arbeitstag eines Fischers begann im Winter um sechs Uhr, im Frühling und Sommer bereits um vier Uhr morgens. Unter den Reichenauer Fischern fanden zum Teil regelrechte Wettfahrten um die vermeintlichen besten Fangplätze statt. Die Stangen für die Stellnetze mussten gesetzt werden, an denen noch am selben Tag die hohen Stell- oder Schwebnetze angebracht wurden. Ein Schwebnetz bestand früher aus einer anderthalb oder fünf Meter hohen und bis zu 120 Meter langen Netzwand, die, mit Schwimmern befestigt und am sogenannten Unterrech beschwert, senkrecht im Wasser stand. Über Nacht blieben die Netze im See. Am nächsten Morgen fuhren meist zwei oder drei Fischer gemeinsam hinaus, um die Netze einzuholen. Für gewöhnlich wurden mehrere Stellnetze aneinandergehängt. Für das Entleeren waren dann drei bis vier Fischer erforderlich. Nicht selten trieben die nachts ausgesetzten Schwebnetze durch Wind und Strömung ab und waren schwer zu finden. Die Schwimmer der Netze bezeichneten die Fischer daher mit ihrem Namen, denn das Entleeren fremder Netze konnte mit Entzug der Fischereilizenz bestraft werden. Die Kennzeichnung war ebenfalls notwendig für die Kontrollen durch die Fischereiaufseher – seit 1898 war die Maschengröße verbindlich vorgeschrieben.

Das Einholen und Ausleeren der Netze konnte bis zu zwei Stunden dauern, je nach Ergiebigkeit des Fanges. Bis alle Netze gefunden und geleert waren, wurde es Mittag. Auf der Rückfahrt begannen die Fischer bereits mit dem Ausnehmen des Fangs – sehr zur

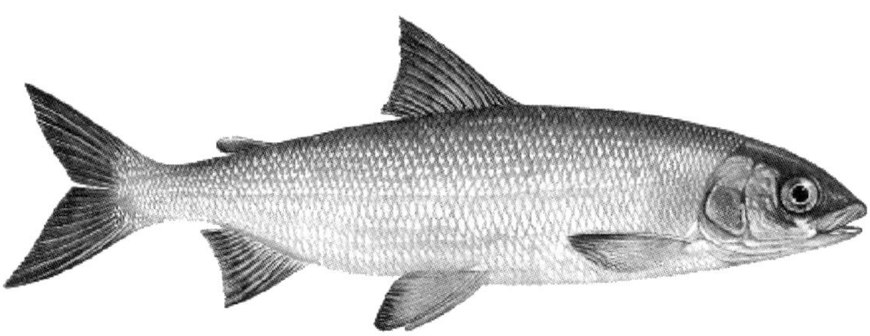

Der Felchen, der Brotfisch der Bodenseefischer.

Zockfischer am Untersee.

Freude der Möwen. Am Nachmittag mussten die nicht gleich verkauften Fische geräuchert und haltbar gemacht werden. Während der Edelfisch verkauft wurde, bestand die Nahrung der Fischerfamilien aus den weniger beliebten, billigeren und grätenreicheren Weißfischarten. Zum Unterhalt der Familien reichte der Ertrag aus der Fischerei nicht. So wurde vor allem von den Fischerfrauen eine Nebenerwerbslandwirtschaft betrieben.

Bis in die 1950er-Jahre gehörte die »Netzhänki« zum unverwechselbaren Ortsbild einer jeden Fischersiedlung. Die zahlreichen Baumwoll- und Leinennetze wurden an Stangen am Ufer aufgehängt, um sie zu trocknen und auszubessern.

Zockfischer

Als Zockfischer bezeichnete man Berufsfischer, die nur mit Angelrute, Handangel, Zock- und Schwemmschnur fischen durften. Vom verankerten Boot aus oder auch durch ein in das Eis gehauenes Loch wurde die Zockschnur mit einem Senkblei bis in 30 Meter Tiefe abgelassen; an der Schnur waren meistens drei einfache Angeln angebracht. Am Zucken der Schnur – daher der Name – erkannte der Fischer, dass etwas angebissen hatte. Auch wenn diese Art

Die »Ermatinger Fischsegi« war das größte Fischerboot am Bodensee.

des Fischens wenig ertragreich war, beteiligten sich doch von den 98 Fischern der Reichenau 70 an dieser Art des Fischens. Auf der Insel war die Hälfte der berufsmäßigen Fischer am Untersee ansässig, ein weiteres Viertel in dem schweizerischen Dorf Ermatingen. In den anderen Gemeinden gab es nur einen bis höchsten fünf Fischer.

Die »Ermatinger Fischsegi«

Fischfang hat im Dorf Ermatingen am Untersee eine lange Tradition. Bereits im 14. Jahrhundert hatten die Fischer einen Teil des Zehnten in Form von »getertem Gantvisch«, geräucherten Gangfelchen, abzuliefern. Diese etwas kleinere Felchenart war der Brotfisch am Untersee, der jeweils von Mitte November bis Weihnachten das tiefe Wasser verließ und die sandigen Flachwasserzonen vor Ermatingen und Gottlieben aufsuchte, um dort zu laichen. Es waren Schwärme mit Zehntausenden Gangfelchen, die sich auf den Weg in die Laichgebiete machten. Die Fischer von Gottlieben, Ermatingen und der Reichenau ließen sich diesen reichen Fang nicht entgehen.

18 Familien hatten in Ermatingen das Recht, an dem »Fischzug« teilzunehmen. Sie organisierten sich 1876 in Form einer Genossenschaft. Die »Segimannen« – benannt nach dem typischen Fischerboot des Untersees, dem Segner, einem flachbödigen Kahn – verfügten über das mit 15 Meter Länge größte Fischerboot am Bodensee. Bedient wurde es von zwölf Fischern. Der Ermatinger Adolf Ribi berichtet in dem Ermatingen eigenen Idiom über das Fischen: »Im Segner sind zwölf Segimanne, sechs mond faare, also rudern, drei rechts vorn beim Graas, drei links hinten an der Wanne, einer, de Stüürmäischter oder Stüürma rechts hinten, muss nooschlage oder stüüre; alle bedienen sich langer Stehruder; jeder hat sys Rueder, das er jeweils mit heimnimmt. Vier mond ussetze, das Garn auswerfen, zwää d Vorderwand und zwää d Hinderwand. Im Streckchschäaff [das sind zwei weitere Hilfsboote] sind vier, bisweilen fünf, im Chäüfferschäaff zwei Segimanne.«

In der Understaad von Ermatingen steht noch heute zwischen Trischli und Seegarten ein kleines Häuschen, in dem der gefangene Fisch geräuchert wurde. Es waren Zigtausende Felchen, die von den Fischern aus dem See geholt und haltbar gemacht wurden. Allein in Ermatingen gab es 1892 acht solcher Räucherhütten. Im Dorf befand sich auch die damals größte Fischhandlung der Schweiz – auch deutsche Fischer lieferten zumindest in Friedenszeiten einen Teil ihres Fangs an die Gebrüder Läubli. Der gesalzene und zwei Tage über Eichenholz geräucherte Fisch wurde als Delikatesse in weite Teile Deutschlands und bis nach Frankreich und Oberitalien geliefert. Um die in Holzkisten verpackten Fische für den Transport kühlen zu können, unterhielten die Ermatinger Fischer eigens einen sogenannten Eisweiher. Die Eisernte im Winter reichte für ein ganzes Jahr.

Nachfolgende Doppelseite: Fischer beim Werfen des Netzes, im Hintergrund das Fischerdorf Ermatingen.

Der Raubbau an diesem einstigen Brotfisch des Untersees bis in die erste Hälfte des 20. Jahrhunderts führte zu einem drastischen Rückgang der Bestände an Gangfelchen, sodass in den 1950er-Jahren diese Art des Felchenfangs eingestellt wurde. Es war, so der frühere Ermatinger Fischereiaufseher Hans Ribi, »das größte Frevelwerkzeug aller Zeiten auf dem Untersee und Zellersee«.

Nach dem Fang wurden die Netze zum Trocknen aufgehängt.

Die Fischbrutanstalt

Die zurückgehenden Fischbestände im Bodensee veranlassten die Fischer, Fischlaich einzusammeln und künstlich zu erbrüten. Vor über 100 Jahren wurde diese Technik am Bodensee erstmals praktiziert, um die Bestände an »Edelfischen« wie Felchen, Seeforelle, Kretzer (Barsch), Seesaibling und Äsche zu erhöhen. Erbrütet wurden auch im Bodensee eigentlich nicht heimische Aale. 1892 errichtete der Bezirksfischereiverein Lindau eine erste kleine Fischbrutanstalt am bayrischen Ufer des Bodensees. Am Untersee bestanden solche Anstalten in Radolfzell und Ermatingen. 1926 baute die Genossenschaft der Reichenauer Fischer die dortige Fischbrutanstalt, die bis heute tätig ist. Der genossenschaftliche Zusammenschluss war für die Fischer ebenso überlebensnotwendig geworden wie für Winzer und Gemüsebauern.

»Der See selbst ist nicht gefährlich«

Bis ins 19. Jahrhundert hinein war der Bodensee der wichtigste Transportweg in der Region. Die einzige Möglichkeit, größere Warenmengen von einer Stadt zur anderen zu transportieren, war das Lastschiff. Schon in der Steinzeit hatten die Pfahlbaubewohner Einbäume geschnitzt, in denen bis zu zwölf Personen oder knapp eine Tonne Last Platz fanden. Die Schiffe, die bis zur Einführung der Dampfschifffahrt auf dem See genutzt wurden, waren von einfacher Bauart, aus Eichenholz und nach einem einheitlichen Schema gefertigt. Die Lädine war über Jahrhunderte das typische Lastschiff. Zum besseren Anlanden hatte dieses kurz Lädi genannte Schiff einen Flachboden. Die Schiffe waren bis zu 15 Meter lang und hatten eine Tragfähigkeit von bis zu 150 Tonnen. Zu den wichtigsten Transportgütern zählten Salz, Wein, Getreide und Holz.

Bis ins 19. Jahrhundert wurden Lädinen für den Warentransport genutzt.

Über den Transport von Weinfässern gibt es viele Geschichten. Eine der ältesten berichtet über die Heimführung des heiligen Otmar. Der erste Abt des St. Galler Klosters war in Konflikt mit der fränkischen Obrigkeit geraten und in der Verbannung auf der Insel Werd bei Stein am Rhein gestorben. Schon damals stärkten sich die Mönche am mitgeführten Wein, doch wie durch ein Wunder wurde das Fass nicht leer. Im Mittelalter stand den Schiffsleuten das Recht zu, während der Überfahrt mit einem »Röhrlin aus den Lägeln zu gügeln«, was nichts anderes bedeutete, als dass die Besatzung die Fässer anzapfen durfte. Der Alkoholismus war neben dem Überladen der Schiffe die größte Gefahr für die Schifffahrt. Denn, so der Lindauer Kaufmann David

Hünlin 1783, »der See [ist] selbst nicht gefährlich, wenn er nur mit der nötigen Vorsicht, es sey bey Tag oder bey Nacht, besonders bey schwülstigem Wetter befahren wird; daher auch auf solchem selten ein beladenes Schiff in Gefahr geräht.«

Dampfschiff bei der Ausfahrt aus dem Konstanzer Hafen, um 1900.

Mit dem Dampfschiff zum Markt

Die Dampfschifffahrt verdrängte die traditionelle Transportschifffahrt rasch. Die politische Aufteilung des Sees unter die fünf Länder Baden, Württemberg, Bayern, Österreich (Vorarlberg) und die beiden Schweizer Kantone St. Gallen und Thurgau führte im 19. Jahrhundert dazu, dass fünf Dampfschifffahrtsgesellschaften auf dem See konkurrierten. »Noch mehr Leben bringt jedoch die

Schweizerische Dampfbootgesellschaft
für den
Untersee und Rhein.
Fahrtenplan für den Sommerdienst 1872,
gültig vom 1. Juni an.

		I.	II.	III.			IV.	V.	VI.
		Morg.	Vorm.	Nachm.			Morg.	Mittgs.	Nachm.
Schaffhausen	Abfahrt	5 —	9 35	3 —	**Constanz**	Abfahrt	5 30	11 —	3 45
Büsingen	"	5 22	—	3 23	Gottlieben	"	5 45	—	4 2
Dießenhofen	"	5 56	10 25	4 —	**Ermatingen**	"	6 2	11 25	4 20
Stein	"	6 55	11 22	5 —	Reichenau	"	—	—	—
Oberstaad	"	7 10	—	5 16	Mannenbach	"	6 10	—	4 30
Mammern	"	7 18	11 44	5 25	**Berlingen**	"	6 20	11 42	41
Wangen	"	7 23	11 49	5 32	**Steckborn**	"	6 30	11 51	4 52
Steckborn	"	7 38	12 2	5 48	**Wangen**	"	6 44	12 5	5 8
Berlingen	"	7 48	12 11	6 —	**Mammern**	"	6 50	12 10	5 15
Mannenbach	"	7 58	—	6 10	Oberstaad	"	6 57	—	5 23
Reichenau	"	—	—	6 20	**Stein**	"	7 15	12 28	5 45
Ermatingen	"	8 10	12 31	6 30	**Dießenhofen**	"	7 50	1 —	6 20
Gottlieben	"	8 28	—	6 50	Büsingen	"	8 7	—	6 37
Constanz	Ankunft	8 48	1 —	7 10	**Schaffhausen**	Ankunft	8 25	1 30	6 55

Die Fahrten II und V sind Schnellfahrten ohne Waaren- und Viehbeförderung.

Bemerkungen.

Rundfahrtbillete: Schaffhausen-Constanz-Romanshorn-Winterthur-Schaffhausen und vice-versa und
Abonnementskarten zu reduzirten Preisen sind auf der Verwaltung und auf den Schiffen zu haben.
Schulen und Vereine von mehr als 15 Personen genießen Taxermäßigung.
Die Dampfboot-Verwaltung.

Feldschützengesellschaft Kaltenbach. Zweiter Schießtag, Sonntag den 2. Juni, Nachmittags 2 Uhr im Neuhaus. Der Vorstand.

Feldschützengesellschaft Eschenz. Zweiter Schießtag Sonntag, den 2. Juni l. J., Nachmittags 2 Uhr bei Wittwe Debrunner im Hüttenberg. Der Vorstand.

Schiffsfahrplan der Gesellschaft Untersee und Rhein von 1872.

Dampfschifffahrt in die Stadt [Konstanz]. Die bisherige Gesellschaft lässt gegenwärtig drei Dampfschiffe auf dem Bodensee und Rheine gehen, die Lindauer Gesellschaft hat zwei Schiffe und die Württembergische ebenfalls zwei, deren Fahrten sich über den ganzen See erstrecken und auch Schaffhausen und Konstanz verbinden«, heißt es in einem Bericht aus dem Jahr 1843. »Leider ist in den letztern eine Art Seekrieg auf dem friedlichen Bodensee entstanden, in dem die verschiedenen Gränzstaaten den fremden Schiffen viel Schwierigkeiten in den Weg legen.« 1867 konnten die Streitigkeiten im Vertrag über eine »Internationale Schifffahrts- und Hafenordnung für den Bodensee« endlich beigelegt werden: »Die Schifffahrt auf dem Bodensee soll unter Beachtung der in diesem Vertrag festgesetzten Bestimmungen zum Transport von Personen, Waren und anderen Gegenständen jedermann gestattet sein. [...] Alle Stapel- und Umschlagrechte sind und bleiben aufgehoben.«

Der Anschluss an das Eisenbahnnetz gab auch der Dampfschifffahrt Auftrieb. In den Häfen stapelten sich die Waren, und um das Umladen von der Eisenbahn aufs Schiff zu vermeiden, wurden Trajektfähren eingeführt. Die erste dieser Fähren konnte 14 Eisenbahnwaggons aufnehmen und legte die Strecke Romanshorn–Friedrichshafen in 43 Minuten zurück, gezogen von einem Passagierschiff. Gleich mehrere dieser Fährverbindungen wurden eingerichtet, doch zeigte sich rasch, dass sie nicht rentabel waren. Die Linie Lindau–Konstanz wurde bereits 1899 wieder eingestellt, Bregenz–Friedrichshafen folgte 1912, Bregenz–Konstanz 1914. Nur die Verbindung Friedrichshafen–Romanshorn wurde mit Unterbrechung während des Zweiten Weltkrieges noch bis 1976 als Trajekt betrieben. Bis heute fehlt eine durchgehende Fernverbindung am See, und auch der Ausbau der Bodenseegürtelbahn bot keinen wirklichen Ersatz für die Schiffsverbindungen.

Hafenorte mit Anschluss an Eisenbahn-Fernverbindungen erlebten Ende des 19. Jahrhunderts enormen wirtschaftlichen Aufschwung. Der Bau des Arlbergtunnels erleichterte den Import von Getreide aus Ungarn in die Schweiz – in der Folge entwickelte sich der Hafen Rorschach binnen weniger Jahre zum größten Waren- und Personenumschlagplatz der Schweiz. Die Gründerzeit im jungen deutschen Kaiserreich ließ die Zahl der mit der Bahn anreisenden Touristen steigen. Doch bereits vor Ausbruch des Ersten Weltkriegs setzte ein Rückgang des Warentransports auf dem See ein.

Noch aber blieben die morgens und abends verkehrenden Marktschiffe für die Bauern und Händler der Region ein wichtiges Transportmittel. Neben Gemüse und Kleinvieh wurde auf Deck auch Großvieh transportiert. Um die Passagiere nicht zu gefährden, erließ die badische Regierung eine Anordnung, dass die Tiere in Transportboxen unterzubringen seien. Bis in die 1930er-Jahre wurden die Dampfschiffe von den Bauern als Marktschiffe genutzt. Doch bereits damals zeigte sich, dass die Lustschifffahrt der Lastschifffahrt den Rang abgelaufen hatte. An den Passagierzahlen wird der Wandel deutlich: Wurden 1868 auf der Strecke von Konstanz nach Schaffhausen nur 90 000 Personen befördert, so stieg die Zahl der Passagiere bis zum Ersten Weltkrieg auf 240 000 – eine Zahl, die nach dem Zweiten Weltkrieg erst in den 1960er-Jahren wieder erreicht wurde.

Auf sogenannten Trajekten wurden Eisenbahnzüge über den Bodensee transportiert.

Das Leben mit dem See

Zu den Besonderheiten des Bodensees gehören bis heute seine im Jahreslauf wechselnden Wasserstände. Im Winter, wenn der Schnee in den Alpen liegen bleibt, erreicht der See seinen niedrigsten Stand. Mit der Schneeschmelze und den Regenfällen im Mai und Juni steigt der Seespiegel um bis zu zwei Meter. Doch erst, wenn das Wasser noch weiter steigt, droht Hochwassergefahr. Bei dem verheerenden Hochwasser im Jahr 1817 erreichte der Pegelstand in Konstanz mit 6,15 Meter seinen bisher höchsten Stand – vier Meter über dem niedrigsten gemessenen Wasserstand.

Wenn der See über die Ufer trat, folgten häufig Missernten und Hungersnöte. Nach dem Hochwasser 1817 aßen die Menschen in den Schweizer Kantonen aus Verzweiflung Gras, und vor den Schlachthöfen prügelten sich Hungernde um die Schlachtabfälle. Im gleichen Jahr begann der badische Flussbauexperte Johann Gottfried Tulla mit der Regulierung des Rheins, doch anders als der Fluss Rhein blieb der Bodensee bis heute ein unreguliertes Gewässer.

Als 1856 die alte Konstanzer Rheinbrücke mit der großen Rheinmühle im Fluss abbrannte, drangen die Bodenseegemeinden darauf, die neue Rheinbrücke auf nur wenige Stelzen zu bauen. Das Wasser sollte ungehindert abfließen können. Doch es half nichts, zehn Jahre später kam das Hochwasser erneut und überschwemmte Ufer- und Ackerwiesen. Andere Ingenieure plädierten für eine Ausbaggerung des Hochrheins und die Sprengung des Rheinfalls – dann könne man von Bregenz aus bis Rotterdam und weiter nach Amerika mit dem Schiff fahren. Solche Pläne gab es einige, umgesetzt wurden die wenigsten, sie wären auch nicht erfolgreich gewesen.

Das Horn bei Eschenz kurz vor Ausfluss des Rheins aus dem Bodensee wurde in mühsamer Handarbeit abgegraben, und nach dem verheerenden Hochwasser von 1888 einigten sich 1892 das österreichische Vorarlberg und der Kanton St. Gallen darauf, den

Hochwasser in Ermatingen.

Spielende Kinder im vom Hochwasser überfluteten Ermatingen.

Lauf des Flusses im Alpenrheintal einzudämmen. Es dauerte noch Jahrzehnte, bis die »Rheinnot« gelindert werden konnte. Erst die Verlegung des Rheindeltas brachte eine Entlastung für die Anwohner. »Hoffen wir aber auch«, schrieb der Ingenieur Krapf 1900, »dass, wenn die letzte Scheidewand zwischen altem und neuem Rheine durchstochen wird, die Rheingemeinden von dem schweren Alpdrucke, der Jahrhunderte auf ihnen gelastet hat, für immer befreit sein werden, ohne dass dabei unsere Seegemeinden von den befürchteten Nachteilen und Übeln betroffen würden.« Die Hoffnung des österreichischen Rheinbauleiters trog – 1927, 1954 und 1987 trat der Fluss erneut über die Ufer, wenn auch nicht mehr so verheerend wie früher.

Die Bauerndörfer mieden stets die Uferlager, sie liegen hochwassersicher abseits vom See. Wer dennoch unmittelbar am See sein Haus baute, verzichtete auf die Nutzung des Erdgeschosses als Wohnraum. So befinden sich noch heute in historischen Gasthäusern in Ufernähe die Gaststuben im ersten Stock.

Neblig-feuchte Wintertage

In der Übergangszeit vom Herbst in den Winter und dann wieder am Ende des Winters waren die Tage am See oft grau und nebligfeucht. Dann vermochte die Sonne den Dunst nicht zu durchdringen. Die Steckborner Schriftstellerin Maria Dutli-Rutishauser (1903–1995) hat einen solchen Tag um Untersee beschrieben: »Dunst liegt wie Watte über dem See. Schluckt alles Laute und Grelle. Die Schattierungen vom bläulichen Grau zu Weiss sind so subtil und vielschichtig, dass kein Fotoapparat sie festhalten kann. Ein einzelnes Fischerboot gleitet über das stille Wasser und zieht eine zittrige Spur, wie ein zögerlicher Bleistiftstrich auf einem grauen Blatt Papier. Ich stehe auf der Terrasse von Schloss Arenenberg und schaue über Ermatingen und den winterlichen See. Die Proportionen der Landschaft sind dieselben wie im Sommer. Gegen Osten, mit dem weiten, hellbraunen Schilfflächen des Ermatinger Beckens und des anschließenden Wollmatinger Rieds, flacht das Land ab und wir ahnen schon die meditative Weite des Obersees, des ›Schwäbischen Meeres‹. [...] Im Sommer versprüht dieser Landstrich eine geradezu mediterrane Beschwingtheit. Jetzt aber, im Winter, ist es ein Land von eremitischer Einsamkeit. Jenseits der grauen, am Rande hell eingefrorenen Wasser liegen die kleinen Dörfer, stumm und wie erstorben. Man sieht jedes Haus, jeden Baum. Was den Sommer über von grünen Kronen überdeckt ist, steht nun nackt und kahl in der winterlichen Stille. Die Leute sitzen in ihren Stuben, schaffen in Scheunen und Ställen. Der Rauch verrät, dass sie sich eingehäuselt haben bei Speck und Kraut, dass sie den Kaffee trinken, den sie in der Zeit herüberholten, als die Schiffe fuhren.«

In den kleinen Dörfern und Fischersiedlungen bedeutete Überwintern in früherer Zeit manchmal nur wenig mehr als Überle-

Der zugefrorene See war ein beliebtes Ausflugsziel.

Eissegler auf dem Bodensee bei Konstanz.

ben. Die Fischer- und Bauernhäuser schützten kaum vor Kälte und Feuchtigkeit. Die Menschen lebten von dem, was sie in den Sommermonaten an Vorräten eingelagert hatten. Gut über den Winter zu kommen, war ein Privileg der Wohlhabenden. Wenn der Untersee, wie so oft bis in die erste Hälfte des 20. Jahrhunderts, im Winter zugefroren war, war an Fischfang mit Netzen nicht mehr zu denken. Jetzt blieb den Fischern noch das Zocken, das Fischen mit Angelschnurr und Köder. Mit der Axt wurde ein Loch ins Eis geschlagen, ein Schlitten diente als Sitzplatz, und Tücher wurden als Windschutz gespannt. Als Köder verwendete man Mückenlarven, die im flachen Uferbereich überwintern. Bis in die 1950er-Jahre wurde diese Form des Eisfischens praktiziert.

Der Winter war eine lange Zeit des Wartens – wenn die Sonne ausblieb, konnte das aufs Gemüt schlagen. Umso mehr sehnte man den Frühling herbei. Ihn zu begrüßen, feierte man im Fischerdorf Ermatingen an Laetare, drei Wochen vor Ostern, ein Frühlingsfest, die Groppenfasnet.

Eisfischer auf dem zugefrorenen Untersee vor Steckborn am Schweizer Ufer.

Seegfrörne

War der westliche Teil des Sees zugefroren, nutzten das die Bauern, um Heu und Holz mit Schlitten über das Eis zu transportieren. Mit dem Aufkommen des Tourismus Ende des 19. Jahrhunderts wurde die spiegelglatte Eisfläche zum Touristenmagneten. Die Nachricht wurde per Telegraf in die entfernten Landesmetropolen gemeldet, und es setzte ein regelrechter Eistourismus ein. Auch in den Bauerndörfern am Seeufer war das Eislaufen eine verbreitete Sportart. Eismeister prüften die Belastbarkeit des Eises und steckten mit Reisigen Bahnen ab. Gefahr drohte vor allem im Uferbereich; wo Bäche und kleine Flüsse ihr Wasser in den See trugen, blieb die Eisdecke oft dünn. So fehlt es nicht an Berichten über vermisste und ertrunkene Eisläufer, die sich zu früh oder noch gegen Ende der »Eiszeit« hinausgewagt hatten.

Während der Untersee oder Teile desselben regelmäßig in den Wintermonaten zufroren, traf das für den gesamten Bodensee nur selten zu. Seit dem Jahr 875, so die Überlieferung, soll der See 35-mal zugefroren sein. Hierbei dürften auch Teil-Seegfrörnen mit-

Wintervergnügen im Jahr 1929.

gezählt worden sein. Im 20. Jahrhundert erlebten die Seebewohner zweimal eine Seegfrörne: 1929 und 1963.

Die Gemeinden Hagnau und Altnau pflegen seit alters den Brauch, eine Büste des heiligen Johannes in einer Prozession über den zugefrorenen See in die jeweils andere Gemeinde zu überführen. In Hagnau erinnert noch heute ein großer Findling im Uferbereich an die Überquerungen in den Jahren 1929 und 1963. Die Namen der mutigen Männer, die als Erste die Überquerung gewagt haben, sind auf dem Stein festgehalten.

Auch wenn das Laufen auf dem Eis ein Alltagsvergnügen war, drohte doch immer die Gefahr des Einbrechens. Am 20. Januar 1893 teilte die *Konstanzer Zeitung* mit, dass das Eis auf dem Untersee »spiegelglatt und schneefrei« sei. »Durch Eismeister Koch wurde heute eine Bahn von hier nach Mannenbach ausgesteckt, an welche man sich beim Begehen des Eises zu halten hat. Für Schlittschuhläufer ist die Eisbahn sehr einladend und es ist eine starke Frequenz derselben vorauszusehen.« Zwei Wochen später hatte sich eine Gruppe Reichenauer auf den Weg nach Radolfzell gemacht. Bei der Rückkehr brach das Eis: »Einer der Verunglückten konnte noch gerettet werden, während die übrigen vier in der Tiefe versanken.« In diesem Jahr unterblieb das Fasnetsvergnügen auf der Insel: »Alle Achtung den Männern, die den Schmerz und den Kummer zweier anderer schwergeprüfter Familien und ihrer vielen Verwandten zu würdigen wissen und ihretwillen auf eine Lustbarkeit verzichten!«

Im Jahr darauf berichtete die *Konstanzer Zeitung* erneut über den zugefrorenen Untersee: »Am gestrigen Sonntag war lebhafter Fremdenbesuch auf der Insel [Reichenau]. Zahlreich strömten die benachbarten Schweizer über den Rhein. Ganz besonders aber hatten die Bewohner von Allensbach die Insel zum Ziele gewählt. Von dort veranstalteten die Musikgesellschaft, der Gesangsverein und der gemischte Chor nebst einer Anzahl Musik- und Gesangsfreuden einen Ausflug hierher. In heiterem Marschtempo schritt der Zug über den Gnadensee nach dem Gasthaus Zum Bären, woselbst sich der hiesige Gesangsverein noch der Gesellschaft anschloss.«

Nachfolgende Doppelseite: Kiesschiff im Hafen von Ermatingen, um 1925.

FRIDA

Kirche und Religion

Die Säkularisation des Jahres 1803 hatte für den Bodenseeraum schwerwiegende Folgen: Nicht nur wurden Klöster und Wallfahrtskirchen geschlossen, es ging auch gleich ein ganzes Bistum verloren. Konstanz war Sitz des größten deutschen Bistums gewesen – es reichte von den Churer Alpenkämmen bis an die Grenzen des Bistums Würzburg, von Straßburg im Westen bis Augsburg im Osten. Gemäß den zu Beginn des 19. Jahrhunderts neu gebildeten Staaten gründete die römisch-katholische Kirche neue Bistümer in Baden, Württemberg und in der Schweiz. Die Bischofskirche in Konstanz wurde Pfarrkirche, und in das Meersburger bischöfliche Neue Schloss zog 1865 eine Taubstummenanstalt ein.

Klosterkirche Birnau, Wunderwerk des Spätbarock.

Das nordöstliche Seeufer bekam mit dem Anschluss an das Königreich Württemberg einen protestantischen Landesherrn. Hatte bis ins 18. Jahrhundert noch die Regel gegolten, das der

Landesherr die Religionszugehörigkeit bestimmte, galt es nun, Toleranz zu üben. Im Großherzogtum Baden stand eine protestantische Herrscherfamilie einer katholischen Bevölkerungsmehrheit gegenüber. Im benachbarten Thurgau hatte man bereits Erfahrung mit der neuen Religionsfreiheit: Hier gab es seit dem 17. Jahrhundert paritätische Kirchen, die von Christen beider Konfessionen gemeinsam genutzt wurden – ein Beispiel, das in den deutschen Landen keine Nachahmung fand. Baden garantierte aber seinen Landeskindern Religionsfreiheit, auch den Juden, was die Bevölkerungszahl in den jüdischen Landgemeinden an Untersee und Hochrhein wachsen ließ.

Blick auf St. Gallen, im Vordergrund die Klosteranlage.

Auf das religiöse Leben der Bevölkerung hatte die Aufhebung der Klöster und Wallfahrtskirchen unmittelbare Auswirkungen: Die unter Kaiser Joseph II. im späten 18. Jahrhundert eingeleiteten Reformen führten zur Auflösung aller rein kontemplativen Klöster. Bestehen bleiben durfte nur, wer Schulen, Krankenpflege oder andere soziale Einrichtungen betrieb. So verlor der Bodensee seine wichtigsten Klöster: Die Stifte in Konstanz, Radolfzell und Öhningen wurden aufgelöst, der Besitz des Klosters Salem mit der Wallfahrtskirche Birnau fiel an das großherzogliche Haus Baden, Kloster Hofen – heute Ortsteil von Friedrichshafen – verwandelte der württembergische König Friedrich in eine Sommerresidenz. Die Bilderwelt der barocken Kirchen galt nun als falsch verstandene Frömmigkeit, Wallfahren als nutzlose Tätigkeit. Nur fünf Jahrzehnte nach ihrer prunkvollen Eröffnung erlebte die Wallfahrtskirche Birnau am 30. April 1804 ihren letzten Gottesdienst. Nach dem Ersten Weltkrieg erwarben Zisterzienser aus Mehrerau bei Bregenz die Kirche für 70 000 Mark vom Markgrafen von Baden. Binnen weniger Jahre entwickelte sie sich erneut zu einem nicht nur religiösen, sondern auch kunsthistorischen Wallfahrtsort.

Das Wallfahrtswesen hatte im 19. Jahrhundert im gesamten Bodenseeraum einen Tiefpunkt erreicht. Erlaubt waren nur noch Wallfahrten, die innerhalb eines halben Tages absolviert werden konnten. Erst nach dem Ersten Weltkrieg konnten einige wenige wie der Weingartener Blutritt und die Wallfahrten zur Birnau an alten Traditionen anknüpfen. Der Blutritt hatte in der ersten Hälfte des 19. Jahrhunderts zunächst ganz aussetzen müssen. Als Ende des Jahrhunderts der Umritt wieder aufgenommen wurde, nahmen nur wenige Reiter teil. Nach dem Ersten Weltkrieg setzte ein Umdenken ein, und die Prozession erhielt einen solchen Zulauf, dass der Blutritt ab 1933 von der Gestapo beobachtet wurde, die antinationalsozialistische Bestrebungen vermutete.

Der Blutritt ist eine Variante der Ösch- oder Flurprozessionen, die alljährlich in vielen katholischen Gemeinden an den Tagen vor

Blutritt in Weingarten, um 1926.

Christi Himmelfahrt stattfanden. Bis in die 1930er-Jahre bat man dabei um den Segen des Himmels für die Früchte des Feldes. Heute erinnern die vielen Wallfahrtskirchen und -kapellen am nördlichen Bodenseeufer an die einstige Volksfrömmigkeit. Erhalten haben sich im Bodenseeraum einige örtliche Wallfahrten, so auf der Insel Reichenau das Heilig-Blut-Fest. Seit 1738 wird dieses Fest am Montag nach dem Dreifaltigkeitssonntag gefeiert. Von allen Seiten des Untersees kamen an diesem Tag Schiffsprozessionen zur Insel, und die Reliquie wurde in einer feierlichen Prozession durch die Feldflur getragen.

Die Reichenauer Bürgergarde bei der Prozession zum Inselfest, ca. 1925.

Überlebt hat auch die Schiffsprozession zum Fest der Hausherren in Radolfzell. Diese Wallfahrt geht auf eine Viehseuche Ende des 18. Jahrhunderts zurück, die mithilfe der drei Heiligen Theopont, Senesius und Zeno besiegt werden konnte. Die Bauern des Hegaus gelobten damals diese Wallfahrt. Da der Weg von der Höri nach Radolfzell bei Hochwasser nur mit einem weiten Umweg möglich war, schmückten die Bauern Fischerboote und ruderten über den See. Seit 1926 wird diese Pilgerreise zur Freude der Touristen alljährlich als Wasserprozession durchgeführt.

Den Wallfahrten vergleichbar waren Bittgänge zu bestimmten Heiligen. Zur Heilung eines kranken Kindes sollte eine dreimalige Wallfahrt mit dem »Kittel« des Patienten zur Othmarsinsel bei Stein am Rhein beitragen. Gefeiert wurden auch die Patroziniumsfeste der Ortskirchen – Feiertage, die über das Religiöse hinaus wichtige Feste im Jahr waren.

Wie eng das religiöse Leben mit dem Alltag der Menschen verbunden war, mag das bis in die 1930er-Jahre geübte Glockenläuten zeigen: Um fünf Uhr wurde der Tag eingeläutet, um elf Uhr folgte ein Läuten für die Bauern auf dem Felde, um sich auf das Zwölf-Uhr- oder Mittagsläuten vorzubereiten, am Nachmittag läuteten die Glocken um 17 Uhr den Feierabend ein, und bei Einbruch der Dunkelheit folgte noch das Betzeitläuten. Dem Glockenklang sprach man auch beschützende Wirkung zu: Die Radolfzeller ließen zum Schutz der Reben vor Maifrösten die Glocken erklingen, insbesondere am Tag der »Kalten Sophie«.

Nachfolgende Doppelseite:
Die um 900 erbaute Kirche St. Georg in Oberzell auf der Reichenau ist für ihre romanischen Fresken berühmt.

Die Fasnet

Die Fasnet, wie der Fasching am Bodensee genannt wird, hat hierzulande eine mindestens bis ins 13. Jahrhundert zurückgehende Tradition. Eine der ältesten Narrendarstellungen ist in der Radolfzeller Stadtkirche zu finden. Das um 1500 gemalte Kreuzwegbild macht deutlich, dass das Fasnetstreiben damals von der Obrigkeit als verderblich gebrandmarkt wurde. Die katholische Kirche verbot die Fasnet jedoch nicht. Mit ihrer lärmenden Ausgelassenheit und der überschäumenden Lebensfreude galt sie vielmehr als ein Schauspiel, das die Sündhaftigkeit des Menschen vor Augen führte und damit auf die Fastenzeit als Zeit der Besinnung vorbereitete. Nur in reformierten Regionen wurde die Fasnet als heidnischer Brauch unterdrückt und verboten.

Eine Renaissance erlebte die Fasnet im letzten Drittel des 19. Jahrhunderts. Dazu gehörten das Backen von Fasnetsküchle in

Straßenfasnet in Konstanz, Ende 1920er-Jahre.

flüssigem Fett, das Setzen von Narrenbäumen am letzten Donnerstag vor Aschermittwoch, dem sogenannten »Schmutzigen Dunschtig«, sowie ein närrisches Treiben mit Mummenschanz in Lokalen und auf der Gasse. Traditionell begann die Fasnet mit dem letzten Tag der Raunächte, wie die zwölf Tage zwischen Weihnachten und Dreikönig genannt werden. Ihr Ende wurde mit dem Verbrennen, Vergraben oder Ertränken einer Strohpuppe begangen, welche die Fasnet darstellte. In manchen Orten folgten am Aschermittwoch die Geldbeutelwäsche und ein Schneckenessen. Zu den alten Fasnetsbräuchen gehörten auch das Abbrennen des sogenannten Funkens, eines hoch aufgeschichteten Holzstoßes, und das Schlagen von brennenden Holzscheiben.

Mit dem Hansele-Plakat wurde für die Fasnet geworben.

Mitte des 19. Jahrhunderts, verstärkt mit der Reichsgründung 1871 setzte in den Dörfern eine Phase wirtschaftlicher und sozialer Stabilität ein. Das Umland begann die in den Städten praktizierten Vereinsformen zu übernehmen. Gesangs-, Musik- und Turnvereine wurden gegründet, in den Wintermonaten fanden Theateraufführungen statt, und zunehmend wurde auch das Fasnetstreiben von neu gegründeten Gesellschaften organisiert. Den Anstoß dazu gab der damals in Mode gekommene rheinische Karneval. In den um die Jahrhundertwende gegründeten Fasnetsvereinen tragen die Elferräte noch heute eine Kappe, die denen des rheinischen Karnevals sehr ähnlich ist. Die *Konstanzer Zeitung* schrieb am 15. Februar 1894: »Hinweg mit dem finsteren Gesicht, alter Griesgram! Fort mit der lieben Bequemlichkeit, behäbiger Philister! Den Menschen innerlich und äußerlich ändern, das ist das erste Gebot im Reiche des Karnevals.«

Nach dem Ersten Weltkrieg besann man sich auf die historischen Wurzeln der alemannischen Fasnet und erkannte, dass die örtlichen Narrenbräuche als kulturelles Erbe erhalten und gepflegt werden müssen. 1924 kam es zu Gründung der überregionalen Vereinigung der schwäbisch-alemannischen Narrenzünfte, die alte Masken und bodenständiges Brauchtum zur Bedingung für die Aufnahme von Narrenzünften machte. Alles Karnevalistische war nun verpönt.

Die Ermatinger Groppenfasnet

Nachfolgende Doppelseite: Groppenfasnet in Ermatingen, ca. 1925.

In der Fasnet wurde die Idee, den Rheinfall durch eine Schleuse zu ersetzen, verulkt – Rheinschifffahrt von Rotterdam bis Kreuzlingen.

Eine besondere Rolle spielt am Bodensee die Groppenfasnacht im schweizerischen Ermatingen, gilt sie doch als die »letzte Fasnet der Welt«. Gefeiert wird mitten in der Fastenzeit, am Sonntag Lätare, drei Wochen vor Ostern. Den Grund für diesen späten Termin soll ein Papst geliefert haben: Johannes XXIII. nahm am Konstanzer Konzil 1414–18 teil, das die Spaltung der katholischen Kirche beenden sollte. Drei Päpste beanspruchten den Stuhl Petri, doch nur für einen war dort Platz. Als Johannes XXIII. erkannte, dass er den Papstthron für sich nicht werde sichern können, floh er aus der Stadt. Als Botenreiter verkleidet erreichte er das Dorf

Ermatingen und übernachtete beim Pfarrer. Zum Abendessen gab es Groppen, eine damals im Untersee weitverbreitete Fischart, die heute vom Aussterben bedroht ist. Zum Dank für das wohlschmeckende Mahl soll der Papst den Ermatingern erlaubt haben, ihre Fasnet an diesem Sonntag zu feiern. Auch wenn die Legende einen wahren Kern haben mag, muss der Korrektheit halber angemerkt werden, das dieser Papst von seinen Nachfolgern wegen seines unsittlichen Lebenswandels aus den Papstannalen gestrichen wurde.

Hemdglonker in Radolfzell am Vorabend des Schmutzigen Dunschtig.

Einer anderen Überlieferung zufolge reichen die Ursprünge des Festes bis in heidnische Zeit zurück. Nach den kalten Wintern mit zugefrorenem See nahmen die Fischer den ersten Fang zum Anlass für ein Frühlingsfest – mit jenem legendären Fisch, der um die Jahrhundertwende noch in Massen gefangen, an Fasnet in Fett gebraten und verspeist wurde. Mindestens seit 1894 wird diese Groppenfasnet mit einem großen Umzug begangen, der seit 1947 nur noch alle drei Jahre stattfindet.

Kindheit und Schule am Bodensee

Mädchenklasse in Konstanz – zur Schonung der Kleidung wurden Schulkittel getragen.

Der Alltag auf dem Lande unterschied sich nur wenig von dem in anderen Regionen. Dass Frauen keiner beruflichen Tätigkeit nachgehen sollten, entsprach einer bürgerlichen Vorstellung, die auf dem Lande so nie gegolten hat. Die Mitarbeit der Ehefrau auf dem Hof war eine Notwendigkeit – alleinstehende Hoferben waren undenkbar. Für den Zeitraum der Geburt eines Kindes wurde ein zeitlich begrenzter Mutterschutz praktiziert. Standen wichtige Arbeiten wie das Schneiden der Reben an, war die Mithilfe aller Familienmitglieder erforderlich – gestillt wurde

Historischer Schulranzen von 1896 aus dem Schulmuseum Friedrichshafen.

am Feldrain. Da die medizinische Versorgung erst zu Beginn des 20. Jahrhunderts verbessert wurde, blieb auf dem Lande die Kindersterblichkeit im 19. Jahrhundert hoch.

Die Aufhebung der Heiratsbeschränkungen im 19. Jahrhundert führte zu mehr Eheschließungen, und in der Folge stiegen die Schülerzahlen. Bis zu 60 Kinder wurden von einem Lehrer unterrichtet. Der Hauptlehrer teilte sich die Schüler und die Unterrichtszeiten mit dem Hilfs- oder Unterlehrer. Die Unterrichtszeiten waren an die Notwendigkeiten des Alltags angepasst. Auf den Dörfern erhielten die jüngeren Kinder nachmittags Unterricht, die älteren, die auf den Feldern mithelfen mussten, vormittags. Die Erstklässler waren in einer eigenen Klasse zusammengefasst, ebenso die zweite bis vierte Klasse. Auch in den Städten kamen die Schüler bis in die 1930er-Jahre im Sommer barfuß zur Schule. Zur Schulkleidung gehörte ein Kittel, der die Alltagskleidung schonen sollte.

In den Dörfern am See war die Mithilfe der Kinder selbstverständlich. Hausaufgaben konnten allenfalls am Abend erledigt werden, und die Ferienzeiten richteten sich nach den Erfordernissen der Landwirtschaft. So konnten die Heuferien schon mal wegen schlechten Wetters abgebrochen und verschoben werden.

Der Wechsel des Lehrerberufs von Männern zu Frauen vollzog sich auf dem Lande langsamer als in der Stadt. Bereits vor dem Ersten Weltkrieg konnten Frauen Lehrerinnen werden. Damit bot sich Unverheirateten die Möglichkeit einer Absicherung, was diesen Beruf für Frauen attraktiv machte. Zudem kam die erzieherische Ausbildung der späteren Rolle als Ehefrau und Mutter zugute. Mit der Heirat allerdings musste die Lehrerin ihren Beruf aufgeben und verlor sämtliche Pensionsansprüche.

Zum Lernen ins Landerziehungsheim

Die in England 1889 erstmals praktizierte Schulform des Landerziehungsheimes führte zehn Jahre später zur ersten Internatsgründung in Deutschland. Ziel dieser Reformschulen war die Bildung

Schülerfest in Weingarten, ca. 1908.

und Erziehung des ganzen Menschen – sowohl die geistigen und körperlichen als auch die charakterlichen Anlagen sollten entwickelt werden. Neben dem Unterricht zählten Sport, Ausflüge und künstlerische Aktivitäten, aber auch die Arbeit auf dem Feld, im Garten oder in der Werkstatt zum Schulalltag. Das Leben in einer natürlich gebliebenen Landschaft sollte den Charakter der jungen Menschen zusätzlich stärken.

Im schweizerischen Steckborn am Untersee wurde 1902 das erste Landerziehungsheim am Bodensee gegründet. Zwei Jahre später zog Bertha von Petersenn mit ihrer Privatschule für Mädchen von Berlin in das Steckborn gegenüberliegende Gaienhofen. Sie wollte »auch den Mädchen eine frische, fröhliche, tüchtige Jugend, Kraftbetätigung und ein Unternehmungsfeld« bieten. »Zimperliche, zum Spielzeug der Männerwelt oder zum Verblühen als alte Jungfer in Untätigkeit und Unbefriedigtsein verurteilte Zier- und Salonpuppen gingen allerdings nicht aus diesen Heimen hervor«, urteilte Hermann Lietz, Schwiegersohn der Bertha von Petersenn und Gründer des ersten Landerziehungsheimes für Knaben. Weitere Internatsgründungen folgten nach dem Ersten Weltkrieg auf der Höri in Kattenhorn oder im ehemaligen Kloster Salem, das im Besitz des Hauses Baden war. Prinz Max von Baden unterstützte die Neugründung, die rasch zu einer Eliteschule heranwuchs.

Besucht wurden diese Schulen von Kindern wohlhabender städtischer Bürger, in seltenen Ausnahmen auch von Kindern der dörflichen Oberschicht. Wer eine höhere Schulbildung für seine Kinder anstrebte, der verließ das Dorf in Richtung Stadt, wo es bereits vor 1900 Realschulen und Gymnasien gab.

Kindermarkt in Oberschwaben und der Schweiz

Ein dunkles Kapitel in der Geschichte der Bodenseeregion sind die sogenannten Schwabenkinder. So wurden Bergbauernkinder aus Vorarlberg, Tirol und der Schweiz genannt, die im 19. Jahrhundert zu Tausenden vor allem in Oberschwaben auf Kinder-

Im Landerziehungsheim für Mädchen in Gaienhofen diente die Gärtnerei der Selbstversorgung.

märkten als Saisonkräfte an Bauern vermittelt wurden. Die Armut der Bergbauern trieb die Familien dazu, eines oder mehrere ihrer Kinder gegen ein geringes Entgelt in die Fremde zu schicken. In ihren Heimatländern wurden diese Kinder regelmäßig von der Schulpflicht befreit. Im württembergischen Oberschwaben bestand für ausländische Kinder auf Druck der Bauernlobby bis 1921 ebenfalls keine Schulpflicht. Daran änderte auch eine 1908 von Amerika aus betriebene Kampagne gegen den Kindermarkt nichts – er wurde nicht zu Unrecht mit einem Sklavenmarkt verglichen. Die Kindermärkte wurden 1915 abgeschafft, doch erst mit Einführung der Schulpflicht für alle Kinder ab 1921 nahm das »Schwabengehen« rasch ab.

In der Schweiz waren es Waisen- und Scheidungskinder, die auf behördliche Anordnung auf dem sogenannten Verdingmarkt versteigert wurden. Um die Kosten für die Gemeinden zu senken, wurden diese Kinder demjenigen gegeben, der das billigste Kostgeld verlangte. In anderen Gemeinden wurden die Kinder wohlhabenderen Familien zwangsweise zugelost. Die Kinder bekamen weder Lohn noch Taschengeld, Misshandlungen wurden von den Behörden nur selten verfolgt. In einigen Gemeinden der Schweiz bestand dieses System bis 1950.

Hütekinder vor dem Ersten Weltkrieg in Friedrichshafen.

Zur Arbeit in die Stadt

Die Industrialisierung setzte am Bodensee nur sehr zögerlich ein. Vor 200 Jahren waren die Städte noch ländlich geprägt, waren Dunglegen vor der Haustür und Schweine anzutreffen. Erst im Laufe des 19. Jahrhunderts wandelte sich das bäuerliche Bürgertum, das zur Selbstversorgung eigene Äcker bewirtschaftete, zu einem Wirtschaftsbürgertum.

Das 19. und das 20. Jahrhundert erlebten ein immenses Bevölkerungswachstum. Hatte es zuvor 250 Jahre gedauert, bis sich die Bevölkerungszahl verdoppelt hatte, reichte nun ein Jahrhundert. Wobei der Bodenseeraum der Entwicklung hinterherlief: Die Arbeitsmöglichkeiten in den wirtschaftlichen Zentren Badens, Württembergs und der Schweiz übten hohe Anziehungskraft aus. Das Bevölkerungswachstum ließ bereits in der Mitte des 19. Jahrhundert Befürchtungen aufkommen, es gäbe bald zu wenig Land,

Die Zeltfabrik Stromeyer bei Konstanz.

Fabriksaal in Konstanz, Mitte der 1920er-Jahre.

um die Menschen zu ernähren und unterzubringen. 100 Jahre später, als die Bevölkerungszahl sich vervierfacht hatte, schob man das noch als Kriegsgrund vor, doch eigentlich waren die Vorteile offenkundig, da mit der Bevölkerungszahl auch die Wirtschaft und damit die Verdienstmöglichkeiten wuchsen.

Rascher als die Bevölkerung auf dem Lande wuchs die in den Städten. Binnen weniger Jahrzehnte verfünffachte sich deren Einwohnerzahl, während spätestens seit Gewährung der Niederlassungsfreiheit im Jahr 1862 die Einwohnerzahl der Dörfer stagnierte. Wer im Dorf kein Auskommen mehr hatte, ging zur Arbeit in die Stadt. Die großen Fabriken warben gezielt Pendler aus dem Umland und finanzierten diesen einen Teil der Fahrtkosten. Von der abgelegenen Höri gab es Fährverbindungen nach Radolfzell und zum schweizerischen Steckborn, wo in der Fabrik Bernina Nähmaschinen zusammengesetzt wurden.

Für die jungen Bauernmädchen wurde es üblich, nach Abschluss der Volksschule eine Stellung in einer städtischen Bürgerfamilie anzutreten, um die Haushaltsführung zu erlernen und die Aussteuer zu verdienen. Ins Dorf zurück ging nur ein Teil. Bis zum Ersten Weltkrieg blieb Lichtmess – der 2. Februar – der Tag zum Antreten einer neuen Stelle. »Wenn einer an Lichtmess nicht wechseln kann, hat er das ganze Jahr keine Stelle«, lautete ein weitverbreiteter Spruch. Zwischenzeitlich konnten die Dienstmägde in den städtischen Dienstbotenanstalten ein Unterkommen finden. Insbesondere in der Inflationszeit nach dem Ersten Weltkrieg waren diese Häuser voll belegt. Das Überangebot führte zu geringen Löhnen, so verdingte sich manches Dienstmädchen für zehn Mark im Monat bei Kost und Logis.

Um den Bedarf an Arbeitskräften zu decken, wurden in Norditalien Gastarbeiter angeworben. Während ein Teil bei der Rheinregulierung und beim Ausbau des Eisenbahnnetzes beschäftigt wurde, durchquerten um die Jahrhundertwende pro Jahr zwischen 10 000 und 20 000 italienische Arbeiter den Bodenseeraum – von Bregenz ging es mit dem Schiff nach Konstanz, um dort die Züge in die Industriezentren Karlsruhe und Mannheim zu besteigen: »Die Bahnbeamten haben eine schwierige Arbeit, bis die nicht deutsch sprechenden Italiener mit Billetten versehen und im Zug untergebracht sind«, berichtete die *Konstanzer Zeitung* im Jahr 1902.

Das Putzen des Gemüses war in der Maggi-Fabrik Singen Frauenarbeit.

Die Arbeitsbedingungen waren von langen Arbeitszeiten und häufigen Unfällen geprägt. Mit der Gründung der Allgemeinen Ortskrankenkasse im Jahr 1902 setzten die Arbeiter erstmals eine Institution durch, in der sie Mitspracherechte hatten. Erst durch Streiks konnte die tägliche Arbeitszeit auf elf Stunden gesenkt werden. Nicht immer waren Unternehmer sozial so engagiert wie im Fall der Zeppelin-Werke: In Friedrichshafen entstanden für die Mitarbeiter eigene Wohnsiedlungen. Anders erging es den Arbeitern, die bei der Rheinregulierung beschäftigt waren: Sie waren in Baracken untergebracht, deren mangelhafte Ausstattung von der Aufsichtsbehörde gerügt wurde.

Schweizer Fabriken erobern den deutschen Markt

Die Reichsgründung von 1871 und die Einführung von Schutzzöllen bewogen zahlreiche Schweizer Unternehmer, jenseits der Grenze Niederlassungen für den deutschen Markt zu gründen, welche die Bedeutung ihrer Mutterfirmen bald übertrafen. Das im Hinterland gelegene Singen wurde Standort heute noch bedeutender Firmen wie Maggi, Georg Fischer oder der Aluminiumwerke. In Radolfzell mietete Jacques Schiesser 1875 den Tanzsaal des Gasthofes Schwert an und begann dort mit der Herstellung von Trikotagen und Unterwäsche, mit denen er schließlich Weltruhm erlangte. Mit der Eröffnung des Arlbergtunnels wurde Bregenz als Industriestandort attraktiv, denn die Arlbergbahn erleichterte den Zugang zum österreichisch-ungarischen Markt. Die älteste Fabrik in Friedrichshafen gründete der aus Horgen in der Schweiz stammende Chemiker Hans Heinrich Hüni bereits 1859. Doch wirtschaftlichen Aufstieg und schließlich Weltruhm gab der Stadt ein anderer Firmengründer.

Mit dem Zeppelin um die Welt

Geboren wurde Ferdinand Graf von Zeppelin am 8. Juli 1838 auf der ehemaligen Dominikanerinsel vor Konstanz. Aufgewachsen auf Schloss Giersberg im benachbarten Kreuzlingen, wurde er schließlich Soldat und Luftschiffpionier. 1899 begannen in Manzell bei Friedrichshafen in einer schwimmenden Montagehalle die

Dienstschluss in der Maggi-Fabrik Singen.

Arbeiten am ersten Zeppelin. 12 000 Zuschauer beobachteten am 2. Juli 1900 den erfolgreichen Start. Das Unglück von 1908, als LZ 4 in Echterdingen bei Stuttgart in Flammen aufging, hätte das Aus für das junge Unternehmen bedeutet, wenn nicht eine spontan ausgerufene Spendenaktion über sechs Millionen Goldmark erbracht hätte. Graf Zeppelin gründete noch im selben Jahr die Zeppelinstiftung als Trägerin bis heute erfolgreicher Unternehmen. Im Zweiten Weltkrieg wurden diese der Stadt zum Verhängnis – als einzige Uferstadt wurde Friedrichshafen bombardiert.

Graf Zeppelin setzte sich für das Wohl seiner Arbeiter ein. Um Wohnraum zu schaffen, errichtete die Graf-Zeppelin-Wohlfahrt-GmbH vor den Toren der Stadt eine Arbeitersiedlung. Das Zeppelindorf entstand 1914–19 nach Plänen des Stuttgarter Architekten Paul Bonatz und ist ein herausragendes Beispiel für die Industrie- und Wohnkultur der damaligen Zeit. Bei den Haustypen gab es Unterschiede: Leitende Beamte verfügten über ein separates Bad im Schlafgeschoss und über ein Klosett mit Wasserspü-

Ein Porsche-Diesel-Traktor beim Einsatz, ca. 1958.

lung. Die Wohnhäuser waren von weiträumig angelegten Gärten umgeben, die der Selbstversorgung dienten.

Während des Ersten Weltkriegs lebten und arbeiteten neben den 11 000 Einwohnern 10 000 Rüstungsarbeiter in der Stadt. So wurde die Arbeiterstadt Friedrichshafen zu einem Zentrum der Novemberrevolution 1918 am Bodensee. Ein Generalstreik wurde ausgerufen, und Zehntausende feierten am 10. November den Sieg der Revolution.

Ein Porsche für den Acker

Für die Technisierung der Landwirtschaft war die Stadt Friedrichshafen aus zwei Gründen von Bedeutung: Sie ist der Geburtsort von Heinrich Lanz, der in Mannheim eine Fabrik für landwirtschaftliche Maschinen aufbaute. Sein Sohn Karl Lanz, seit 1910 Ehrenbürger von Friedrichshafen, produzierte 1921 den ersten Lanz-Bulldog. Doch für kleinbäuerliche Betriebe der Bodenseeregion blieb der Bulldog unerschwinglich. Nur die in den 1920er-Jahren produzierten Dreschmaschinen wurden eingesetzt, meist von Lohnunternehmern, die mit ihrer Maschine von Dorf zu Dorf zogen. Zehn Arbeitskräfte waren für das Beschicken mit Garben, das Absacken des Getreides und das Abnehmen und Aufladen des gedroschenen Strohs notwendig.

Nach Ende des Zweiten Weltkriegs revolutionierte ein in Friedrichshafen produzierter Traktor die Landwirtschaft: Ferdinand Porsche, der den Volkswagen entwickelt hatte, war 1937 beauftragt worden, für die Motorisierung der Landwirtschaft einen Kleinschlepper zu entwickeln. Der Kriegsbeginn verhinderte die Aufnahme der Produktion. 1950 nahm der Ingenieur Erwin Allgaier im ausgebombten Werk des Flugzeughersteller Dornier in Friedrichshafen die Produktion des Allgaier-Porsche-Schleppers auf, der dank seiner geringen Kosten von 4500 Mark zum Verkaufserfolg wurde. Innerhalb von sechs Jahren wurden 30 000 Traktoren produziert, welche die Arbeitsweise in der Landwirtschaft grundlegend veränderten. Die Arbeitserleichterung aber ging für den Landwirt mit teuren Investitionen einher. Für den neuen Traktor brauchte es neue luftbereifte Anhänger, die alten eisenbereiften Fuhrwerke hatten ausgedient. Auch die Feldwege benötigten einen festeren Untergrund. Da die Produktion erhöht werden konnte, mussten die Lagerflächen erweitert und die Scheunen vergrößert werden.

Nachfolgende Doppelseite: Der Zeppelin über der Hafeneinfahrt von Lindau.

Ferdinand Porsche (1875–1951).

Auf diese Weise wurde die gesamte bäuerliche Welt technisiert. Die kleinbäuerliche Struktur der Dörfer am Bodensee erwies sich dabei als Hindernis. Nur große Höfe hatten das Potenzial zu überleben. Immer mehr Bauern gingen daher seit Ende der 1950er-Jahre dazu über, ihre Höfe aufzugeben und das bisher bewirtschaftete Land an zahlungswillige Städter zu verkaufen.

MDCCCLVI

GRAF ZEPPELIN
D-LZ127

Die touristische Entdeckung des Bodensees

Das Reisen ist eine der ältesten Tätigkeiten des Menschen. Die heutige Form des touristischen Reisens hat jedoch eine junge Geschichte. Die Bezeichnung »Tourist« verwendete man erstmals um 1800 in England; seit 1830 ist sie auch in Deutschland gebräuchlich. Ein Tourist, so informiert uns das Deutsche Wörterbuch von Grimm, ist ein »Reisender, der zu seinem Vergnügen, ohne festes Ziel, zu längerem Aufenthalt sich in fremde Länder begibt, meist mit dem Nebensinn des reichen, vornehmen, unabhängigen Mannes«. Reisende dieser Art gab es am Bodensee bereits vor dem 19. Jahrhundert – Montaigne zählt ebenso dazu wie Goethe, der seinem Weimarer Herzog 1778 die Schweiz zeigen wollte. Dabei wurde auch ein Abstecher in die Konzilsstadt Konstanz gemacht. Doch es war mehr ein kultureller Pflichtbesuch – der Herzog äußerte sich abfällig über die Stadt, lobte aber die Aussicht vom Kirchturm, während Goethe sich jeglichen Kommentars über Stadt und See enthielt.

Mit Beginn des 19. Jahrhunderts änderte sich das Reiseverhalten. Der Blick auf die Natur hatte sich dank Rousseau gewandelt, nun galt es, die Schönheit der Landschaft zu entdecken. Das aufstrebende Bürgertum nahm sich das Freizeitverhalten des Adels zum Vorbild und begann ebenfalls zu reisen. Reiseziele waren vor allem Kur- und Badeorte, in denen man Erholung und Heilung suchte.

Zur Kur an den See

Im böhmischen Gräfenberg hatte Vincenz Prießnitz 1829 die erste Wasserheilanstalt eingerichtet. Er behandelte seine Patienten mit verschiedenen Kaltwasseranwendungen. Zusätzlich empfahl er das Trinken kalten Wassers. Binnen weniger Jahre setzte sich diese Methode in ganz Europa durch. Bis zum Ende des 19. Jahrhunderts entstanden an vielen Orten am Bodensee Badeanstalten, und

Seebad in Überlingen, um 1900.

man wies in der Werbung auf die »belebende und stärkende Wirkung der Seebäder« hin. In Überlingen begann der Zimmermann Ackermann 1824 mit dem Bau eines repräsentativen Badhotels. Während das etwa gleichzeitig erstellte Hotel auf dem Wolfsberg oberhalb von Ermatingen Gäste aus London und Paris an den See lockte, blieb dem Überlinger Projekt der Erfolg zunächst versagt. Doch ab Mitte des 19. Jahrhunderts konnte der Bodensee neben den etablierten Kur- und Badeorten wie Badenweiler und Baden-Baden bestehen. Vor und nach der Jahrhundertwende entstanden am Seeufer zahlreiche mondäne Hotelbauten, so in Bad Schachen und Konstanz.

Das Wirken des Augenarztes Albrecht von Graefe und des Neurologen Heinrich Frenkel machte das Appenzeller Dorf Heiden nach 1860 zu einem der berühmtesten Kurorte Europas. Im schweizerischen Mammern erwarb der Arzt H. Feuler aus Schaffhausen 1866 die Schlossanlage und richtete dort eine ärztlich geleitete Kuranstalt ein, zunächst mit dem Angebot von Molkekuren, wie sie seit 1749 in den Appenzeller Gemeinden praktiziert wurden. Das Hotel auf dem Wolfsberg hielt eigens eine Ziegenherde, um die Gäste mit frischer Molke versorgen zu können.

Der Schriftsteller Jakob Christoph Heer gibt einen interessanten Einblick in das Kurleben um 1900 am Bodensee: »... das heilberühmte Mammern [ruht] am schweizerischen Gestade, das Mekka einer internationalen Welt, die sich zum *aqua sanat* bekennt. Ein ehemaliges Chorherrenstift bildet das Hauptgebäude der Wasserheilanstalt und um die Kapelle des Stifts dehnt sich auf einem Halbeiland des Sees der prachtvolle Park, der mit den Fluten in ein feines, lyrisches Gedicht zusammenfließt. Bewegliches Kurleben unter Schattenbäumen, Badende in der klaren Flut, von Ufer zu Ufer gleitende Gondeln, das Leuchten heller Kleider und Sonnenschirme in Feld und Wald. Das ist Sommerstimmung von Mammern!«

Jakob Christoph Heer (1859–1925).

Wer besuchte die neu entstandenen Kur- und Heilanstalten? In seinem Buch *Freiluft* von 1903 berichtet J. C. Heer über die Herkunft der Gäste im Sanatorium Hard bei Ermatingen: »Schloss Hard ... ist ein Sanatorium, in dem sich jahraus, jahrein Angegriffene die Nerven in abstinenter Behandlung bessern lassen. Andere Gäste, schweizer und deutsche Ferienleute, Zeichner, Maler, wenden sich in den *Adler*, ein im ehrenfesten Landgasthofstil geführtes Hotel, und wer die dichte Nähe des Waldes liebt, sucht die Pension Schloss Wolfsberg hoch am Seerücken auf.«

Eines der ersten Sanatorien für Alkoholkranke in Deutschland wurde 1880 im Wangener Schloss Marbach von Arno Krüche eingerichtet: »Die innere Einrichtung des Hauses [in völlig isolierter Lage] ist eine durchweg elegante, zum Teil luxuriöse, die es besonders Patienten der höheren Stände möglich macht, eine ihrer Erkrankung entsprechende Specialanstalt aufzusuchen, ohne auf zu viel gewohnten Komfort verzichten zu müssen«, berichtete das Verzeichnis der Kurorte und Heilbäder im Großherzogtum Baden. Nervenleiden und Suchtkrankheiten wurden in den Heilanstalten jener Zeit behandelt, so auch in der Konstanzer Nervenheil-

Hermann Hesse mit Künstlerfreunden in Gaienhofen auf der Höri.

Für die Gäste der Kuranstalt Schloss Marbach stand ein Dampfboot bereit.

anstalt des Dr. Fischer im ehemaligen Badhotel: »eine der renommiertesten in Süddeutschland. Aufnahme finden Nervenkranke, Morphinisten u. a. – Geisteskranke sind ausgeschlossen«. In der Therapie war völlige Abstinenz Voraussetzung, daher wurden nur einsichtige Patienten aufgenommen: »Nachdem aber durch peinlichste Kontrolle und rücksichtloses Ausmerzen einsichtsloser und demgemäß auch unheilbarer Kranken, ein von der Notwendigkeit des Abstinenz für ihren Zustand fest überzeugter Stamm von Patienten geschaffen, die auf jeden neu aufgenommenen einen unberechenbar günstigen Einfluss ausüben, sind jetzt nur noch ganz ausnahmsweise schlechte Erfahrungen in dieser Hinsicht gemacht worden.«

Das Angebot der Sanatorien beschränkte sich auf die zahlungskräftige Oberschicht. Die wissenschaftlich geführte Abstinenzbewegung war damals in allen Städten und Zeitungen präsent. In Vorträgen versuchte man Ende des 19. Jahrhunderts auch die unteren Volksschichten zu erreichen und die »absolute Schädlichkeit des Alkohols« zu belegen. Auch in der touristischen Werbung der damaligen Zeit wurde mit dem Hinweis auf alkoholfreie Einrichtungen geworben.

Künstler entdecken den Bodensee

In der zweiten Hälfte des 19. Jahrhunderts entdeckten zahlreiche Künstler die Vorzüge des Bodensees. Studenten der Münchner Kunstakademie zogen es in den 1870er-Jahren vor, anstelle der

Otto Dix im Garten seines Hauses am Bodensee.

Mit den Kurgästen kam der Segelsport an den Bodensee. Segeljachten vor der Höri ca. 1930.

damals üblichen, aber teuren Reisen in die Niederlande die Landschaftsstimmungen der Reichenau im Bild festzuhalten. Der Schweizer Maler Wilhelm Balmer berichtet über diese Sommeraufenthalte: »Es war dort eine Künstlerkolonie im Entstehen, die sich später stark vergrößerte. [...] Wir wohnten in Mittelzell, arbeiteten, jeder seiner Wege gehend, und trafen uns nur für die Mahlzeiten. Abends ruderte man etwas nach Ermatingen, badete dort und traf Bekannte. Es war ein ideales Leben. Mit den Eingeborenen, meist Fischern, verstand man sich aufs Beste. Man hatte das Gefühl, es mit einfachen, tüchtigen Leuten zu tun zu haben; die Natur bot ihnen Arbeit und Lebensgenuss und Frieden, und dieser Friede verbreitete sich über alle.«

Einer der ersten Künstler, welche die Vorzüge der Bodenseelandschaft entdeckten, war Victor von Scheffel. Erstmals kam er in den 1850er-Jahren, um für seinen Roman *Ekkehard. Eine Geschichte aus dem 10. Jahrhundert* die Archive in Radolfzell, Reichenau und St. Gallen aufzusuchen. Der Roman erschien bereits

1855, doch erst nach der Reichsgründung traf er den Nerv der Zeit und erreichte zahlreiche Auflagen. Kultur als Unterhaltung war damals gefragt, und nebenbei richtete sich die Aufmerksamkeit der Leser auf den Ort des Geschehens. Dass die Darstellung romantisierend war und der Realität vor Ort nicht entsprach, war nicht von Bedeutung. Für Jahrzehnte wurde Scheffel zum wichtigsten Werbeträger für die Region zwischen Konstanz, Hohentwiel und Stein am Rhein. Seit er sich 1878, frisch geadelt, ein Schlösschen in das Obstgut der Halbinsel Mettnau bei Radolfzell gebaut hatte, warb die Stadt mit seinem Ansehen.

Dass der Bodensee damals für Künstler so attraktiv wurde, lag ganz wesentlich an der ländlichen Abgeschiedenheit der Region. Hier lebte es sich weitaus billiger als im großstädtischen Berlin. Von den Künstlern bevorzugt wurden die kleinen Orte am Seeufer, denen noch jegliche Infrastruktur wie fließendes Wasser oder Strom fehlte. Mancher schrieb in solcher Abgeschiedenheit seine Romane und Erzählungen und hoffte, damit in der städtischen Welt Erfolg zu haben.

Joseph Victor von Scheffel (1826–1886).

Doch die Idylle hielt nicht lange – bereits ab 1910 begann der Wegzug der Künstler. Hermann Hesse und Emanuel von Bodman zogen wieder in die Nähe von Großstädten, andere suchten ihr Paradies in der Südsee. Während des Ersten Weltkriegs wurde das Schweizer Ufer von Kriegsflüchtlingen bevorzugt – diesmal kam man nicht wegen der ländlichen Idylle, sondern flüchtete als Kriegsgegner oder Pazifist in die neutrale deutschsprachige Schweiz.

Die Künstler und Literaten haben bis heute sichtbare Spuren am See hinterlassen und die Wahrnehmung der Landschaft geprägt – ob in Überlingen, Lindau, Hagnau oder Kressbronn, in Uttwil, Altnau oder Gottlieben, in Gaienhofen, Radolfzell oder Konstanz. Eines aber ist auffällig: Die Bodenseeregion war für sie nur Durchgangsort. Wer wie die Schriftsteller Paul Ilg, Otto Frei oder Jacob Picard hier geboren und aufgewachsen war, verließ die Region bald – sei es, um in den städtischen Zentren Erfolg zu haben, sei es, weil er vor den Nationalsozialisten fliehen musste, wie der Jude Jacob Picard. Wer an den See kam, blieb meist nur für einige Jahre, selbst Victor von Scheffel zog es zum Sterben zurück in seine Heimatstadt Karlsruhe.

»Hier beginnt der Süden«

Auch wenn dieser Slogan erst in den 1960er-Jahren erfunden wurde, trifft er in gewisser Weise schon für das 19. Jahrhundert zu: Die Italiensehnsucht scheint untrennbar mit dem Erlebnis der Bodenseelandschaft verbunden zu sein. Seit dem 18. Jahrhundert gehörte der Italienbesuch zum Kanon der Kulturtouristen. Mit der Schweiz verband man das Erlebnis der Gebirgslandschaft, Italien war das Land, wo Zitronen, Zypressen und Palmen blühen. Auch die Stieftochter Napoleons zog es in den Wintermonaten vom Bodensee nach Rom. Ihr Arenenberger Park zeigt Einflüsse italienischer Parkkultur; ihr Sohn Louis Napoleon, der spätere Kaiser Napoleon III., ließ eigens Pappeln als Scheinzypressen in die Landschaft des Untersees pflanzen, um den Eindruck italienischer Landschaft zu verstärken. Den Blick von Schloss Arenenberg auf die Halbinsel Höri verglichen Schlossbesucher mit dem Golf von Neapel. Die beiden Buchten von Mannenbach und Berlingen standen für Neapel und seine Küste, der Vesuv fand sein Pendant in der Höri und den Vulkanbergen des Hegaus.

Die Künstler, welche um die Jahrhundertwende den Bodensee besuchten, schwärmten von italienischen Lichtverhältnissen. Und der Großherzog von Baden ließ eigens Palmen und mediterrane Pflanzen auf seiner Insel Mainau pflanzen, um den italienischen Charakter zu unterstreichen. Noch heute dienen diese Palmen in der Tourismus-Werbung dazu, dem Besucher vor Augen zu führen, dass eine Weiterreise an die oberitalienischen Seen überflüssig ist, denn der Süden beginnt bereits hier.

Der Großherzog von Baden hatte die Mainau 1853 erworben und zur Sommerresidenz ausbauen lassen. Mit seinen Gästen besuchte er ab 1878 regelmäßig die Insel Reichenau, auf der mit seiner finanziellen Unterstützung romanische Wandmalereien freigelegt wurden. Mit einem Mal stand die Bauerninsel, die zu besuchen Goethes Begleiter noch »als zu gemein« abgelehnt hatten, im kulturellen Fokus der Reisenden. Mit seiner Anwesenheit wurde der Großherzog zum Tourismusförderer. Er folgte damit dem Beispiel des württembergischen Königs Friedrich, der das Kloster Hofen als Sommerfrische herrichten ließ. Das Kloster und der benachbarte Ort Buchhorn wurden ihm zu Ehren in Friedrichshafen umbenannt. In Lindau besaß der bayrische Prinz und spätere König Ludwig II. die Villa Amsee, und der österreichische Kaiser beehrte die Bodenseestadt Bregenz mit seinem Besuch.

Graf Lennart Bernadotte (rechts) im Gespräch mit seinem Gartendirektor Carl Raff, ca. 1950.

Damit wurden die gekrönten Häupter zu Tourismusförderern am Bodensee. Die neue bürgerliche Mittelschicht begann, den

1

Sommer nun ebenfalls außerhalb der wachsenden Städte zu verbringen und den See zur Sommerfrische aufzusuchen. Vor dem Ersten Weltkrieg verbuchte der See bereits Besucherzahlen, die erst wieder in den 1960er-Jahren erreicht werden.

Segeljacht auf dem Bodensee in der Nähe von Bregenz, ca. 1920.

Vom Lastschiff zum Lustschiff

Jahrhundertlang nutzten die Kaufleute den See für den Warentransport. Die Personenschifffahrt trat dahinter zurück. Für das Ende des 18. Jahrhunderts gibt es erste Hinweise, dass man auch zum Vergnügen an den See fuhr, über Hochzeitsreisen wird berichtet und dass »die reizende Lage des umliegenden Landes dem Schifffahrenden die angenehmsten Empfindungen« verursache. Die wichtigste Aufgabe der Dampfschifffahrt war zuerst ebenfalls der Warentransport und die Verbindung der Marktorte. Die Marktschiffe transportierten Waren, Menschen und Vieh gleichermaßen.

Seit der Mitte des 19. Jahrhunderts befuhren eigens gebaute Salondampfer den See. Die beiden 1864 in Dienst gestellten Schiffe der »Gesellschaft Untersee und Rhein« folgten einem neuen Trend: Waren bisher die gekrönten Häupter als Förderer der Schifffahrt Namensgeber gewesen, nannte man die beiden neuen Schiffe nun »Arenaberg« und »Rheinfall«. Der Rheinfall war damals bereits ein gut besuchtes Ausflugsziel, und die »Arenaberg«, benannt nach dem Sommersitz Napoleons III., wurde dem 1865 am See weilenden französischen Kaiser für zehn Tage kostenfrei zur Verfügung gestellt. Übrigens, die erste private Dampfjacht am Bodensee erhielt den Namen »Passe Temps«, zu deutsch »Zeitvertreib«.

Die Ausflugsschifffahrt nahm zu, wurde aber auch abhängig von Wirtschaftskrisen. Als nach dem Gründerkrach 1875 die Passagierzahlen einbrachen, reagierten die Schifffahrtsgesellschaften mit zum Teil erheblichen Reduktionen im Nah- und Sonntagsverkehr sowie mit Rückfahrbilletts; Familien konnten verbilligte Abonnementsbüchlein erwerben.

Rein der Lustschifffahrt dienten die im 19. Jahrhundert eingeführten Segeljachten. 1866 ließ Graf Zeppelin für den württembergischen Prinzen Wilhelm in Zürich eine Segeljacht bauen, beide verbachten »auf dem Bodensee viele schöne Stunden«. Die adeligen Segler waren wiederum Vorreiter: Prinz Ludwig unternahm von Lindau aus öfter Segeltouren, und um 1870 brachte ein englischer Lord zwei Segelboote aus Großbritannien mit an den Untersee, deren Bauart und Takelage großes Aufsehen erregten.

Wenige Jahre später gehörte der Segelsport bereits zum Bild des Bodensees. In Bregenz wurde 1891 ein Segelklub gegründet, weil »es im landschaftlichen und volksthümlichen Interesse unumgänglich geboten erscheine, die, selbst an den prachtvollsten Sommerabenden so schauerlich verödete Bregenzer Seebucht passend und naturgemäß zu beleben«. Den ersten Segelverein am Bodensee hatten ehemalige Offiziere und Kaufleute 1889 in Lindau gegründet. Dort gab es im Hafen neben 96 Ruderbooten 14 Segelboote, die überwiegend wohlhabenden Kaufleuten und Villenbesitzern gehörten.

Landungssteg in Konstanz.

Urlaubspostkarte aus Konstanz von 1902.

Der Segelsport blieb wohlhabenden Bevölkerungsschichten vorbehalten, wobei die Ausübung des Sports für die Mitgliedschaft im Segelklub nicht ausschlaggebend war. Segler zu sein, wurde zum Statussymbol – als Nachweis diente die Mitgliedschaft im Verein, wirklich segeln konnten anfangs nur die wenigsten.

Vom freien Baden zum Freibad

Das 19. Jahrhundert war das Jahrhundert der Entdeckung der Bakterien und der Hygiene. Auch die am See eingerichteten öffentlichen Badeanstalten dienten neben dem Fremdenverkehr der Hygiene der örtlichen Bevölkerung. Daher waren sie mit Einzelkabinen und Warmwasser ausgestattet, um auch im Winter die Körperreinigung zu ermöglichen.

Die öffentlichen Badeanstalten, aber auch die privaten der Hotels bestanden aus auf Pfählen in den See gebauten Holzhütten, in denen nach Geschlechtern getrennt gebadet wurde. Die wohlhabende Bevölkerung bevorzugte Einzelkabinen mit Wannenbädern. Die in E-Form gebauten Badeanstalten waren von der Landseite her nicht einsehbar. Sie verfügten über Schwimmbecken mit versenkbaren Böden, sodass die Gäste je nach Wasserstand gefahrlos schwimmen konnten. Die alte Militär-Badi in Bregenz und das Badhaus von 1924 in Rorschach erinnern heute noch an diese Zeit.

Die aufkommende Lebensreformbewegung, der auch Mia und Hermann Hesse nahestanden, propagierte das Baden in freier Natur. Neben das Was-

Eintrittkarte für das Seebad in Radolfzell mit Jahreszahl.

Seebad in Radolfzell
1871.
1 Bad im Freien
3 Kreuzer.

serbaden trat nun das Licht-, Luft- und Sonnenbaden. Hesse soll, so ist überliefert, seine Gäste im Sommer mit nichts anderem als einem Strohhut auf dem Kopf und einer Zigarre im Mund begrüßt haben. Doch das Nacktbaden, das auch Hesse praktizierte, fand am Bodensee kaum Anhänger. Hier gab es seit 1900 eine breite Bewegung für das freie Baden im See. Trotz Verbots badeten nicht nur im Seerhein bei Konstanz Frauen, Männer und Kinder gemeinsam. Die Strandbadbewegung revolutionierte das Badewesen – neben den nach Geschlechtern getrennten Strandabschnitten wurden zusätzlich Familienbäder eingerichtet. Baden und Schwimmen wurden spätestens in den 1920er-Jahren zum Inbegriff modernen, freizügigen Lebens.

Das Baden im Freien erhitzte zu Beginn des 20. Jahrhunderts die Gemüter. Man befürchete den Verfall der Sitten. Die Befürworter, oft aus den Reihen der Naturfreunde, der Gesundheits- und Arbeitervereine, erhofften sich von den Strandbädern mit Sonnenbadeplätzen, Spielwiesen und Turngeräten eine positive Auswirkung auf die Gesundheit von Körper, Geist und Seele. Der Erfolg der Strandbäder ist auch im Zusammenhang mit der veränderten Freizeitkultur nach dem Ersten Weltkrieg zu sehen. Die erkämpften Arbeitszeit- und Urlaubsregelungen ermöglichten erstmals breiteren Bevölkerungsschichten eine regelmäßige Freizeit. Gerade in den industrialisierten Städten am Bodensee wurden die Wochenenden und freien Tage für Ausflugsfahrten und zum Baden genutzt. War Reisen im 19. Jahrhundert eine bürgerliche Domäne gewesen, entwickelte sich seit den 1920-Jahren der Massentourismus. Mit dieser Entwicklung einher ging die Bebauung der Seeufer mit Strandbädern, Wochenend- und Ferienhäusern.

Neue Mobilität in den 1950er-Jahren

Die beiden Weltkriege hatten für den Tourismus in der Bodenseeregion massive Rückgänge zur Folge. Hotels und Erholungsheime beiderseits der Grenzen wurden in Lazarette umgewandelt oder für internierte Offiziere genutzt. Nach dem Krieg wechselten häufig die Besitzer, manche Einrichtung wurde nicht wieder geöffnet. Erst das Wirtschaftswunder in den in den 1950er- und 60er-Jah-

ren ließ die Gästezahlen wieder steigen. Waren 1948 die motorisierten Besucher noch an Händen abzuzählen, drohte zehn Jahre später ein Parkplatzproblem. Aus dem Umland kamen sonntags Bauern mit ihrem Traktor an den See, und in den Wirtshäusern hing noch das Schild »Hier können Familien Kaffee kochen und ihr Vesper auspacken«. Übernachtet wurde im Zelt, möglichst auf Wiesen am See. Schließlich griff das Ordnungsamt ein, stellte 1956 Regeln für Zeltplätze auf und bereitete dem wilden Campen ein Ende. Urlaub, nun fester Bestandteil des Arbeitslebens, wurde im eigenen Land gemacht, für Auslandsreisen fehlte noch das Geld.

Strandbäder waren bereits in den 1920er-Jahren beliebt.

Nachfolgende Doppelseite: *Schlosshof der Insel Mainau, 1930er-Jahre.*

Die Moderne bringt Veränderungen

Jahrhundertelang hatten Grenzziehungen im Bodenseeraum kaum eine Rolle gespielt. Zwar war der Bodensee im 15. Jahrhundert Grenzgebiet zwischen der Eidgenossenschaft und Vorderösterreich geworden, doch der Handel blühte weiterhin, die Bauern Oberschwabens lieferten Getreide in die Schweiz, und die Winzer bezogen ihre Rebstecken aus dem Bregenzerwald.

Die politische Neuordnung zu Beginn des 19. Jahrhunderts schuf neue Abgrenzungen. Verfolgte Demokraten des Vormärz fanden jenseits der Grenze in der Schweiz Zuflucht. Der Handel

Grenzkontrolle am Kreuzlinger Zoll vor 1930.

bekam die Grenze erstmals nach dem Anschluss der Länder Baden, Württemberg und Bayern an den Deutschen Zollverein zu spüren. Nun waren Außenhandelsverträge auf Staatsebene mit der Schweiz und Österreich nötig, und auch die Zölle erschwerten den Handel. Für die Bürger aber blieb die Grenze offen; noch am Vorabend des Ersten Weltkriegs verbrüderten sich deutsche und schweizerische Offiziere am Grenzübergang Kreuzlingen und feierten gemeinsame Feste. Schweizer Zöllner wohnten in Konstanz, weil es für sie praktisch war, und in Kreuzlingen erhielten Mitarbeiter der Gemeinde einen Teil ihres Lohnes in deutscher Reichsmark.

Konstanz bezog einen Teil seines Milch- und Gemüsebedarfs aus der angrenzenden Schweiz.

Mit der Bekanntgabe der Mobilmachung am 1. August 1914 änderte sich alles: Fluchtartig verließen ausländische Touristen die

Sogenannte Schweizerspeisung nach dem Ersten Weltkrieg für Not leidende Konstanzer Bürger.

Schweiz, da sie befürchteten, nicht mehr über die Grenze zu kommen. Für die Stadt Konstanz hatte die Schließung der Grenzen erhebliche wirtschaftliche Folgen, bezog sie doch einen Teil ihrer Milch- und Gemüselieferungen aus der Schweiz. Auch blieb damals die schweizerische Kundschaft aus, die heute wieder ein Drittel der Kaufkraft in der Stadt ausmacht. Die Stadtverwaltung klagte über »Grenzlandnöte«, und als das Land Baden 1929 zum Schutz der eigenen Landwirte die Einfuhr ausländischer Landwirtschaftsprodukte verhinderte, kämpfte die Stadt Konstanz zusammen mit den Thurgauer Bauern gegen die eigene Landesregierung.

Das Dritte Reich verschärfte die Zoll- und Devisenbestimmungen weiter, und mit Beginn des Zweiten Weltkriegs war die Grenze wieder geschlossen. Die Trennung wurde nun sicht- und spürbar: Die beiden ineinander übergehenden Städte Konstanz und Kreuzlingen trennte seit 1939/40 ein eiserner Grenzzaun mit Stacheldrahtkrone, der erst 2006 durch Skulpturen des Künstlers Johannes Dörflinger ersetzt wurde.

Damals setzte eine Entfremdung zwischen beiden Ländern ein. Hatte es zuvor Heiraten über die Grenze hinweg gegeben, waren nun selbst Verwandtenbesuche nicht mehr möglich und auch nicht erwünscht. Der Anschluss Österreichs schürte auch in der Schweiz Ängste vor der Militärmacht Deutschlands. Nach Kriegsende gab es rasch erste Versuche, die Beziehungen zu normalisieren. Obwohl die Versorgungslage auch in der Schweiz zu Rationierungen führte, war die Bevölkerung im Grenzgebiet bereit, den Not leidenden Nachbarn zu helfen. Das 1946 gegründete Grenzlandkomitee wollte »zur Minderung der Notlage in Konstanz und Umgebung beitragen. Vor allem sollte den Kindern geholfen werden.« Die Erinnerung an diese Hilfe ist in der Grenzregion heute noch lebendig. »Schweizerkinder« nannte man damals jene Kinder, die für einen Tag in die Schweiz eingeladen und dort bewirtet wurden. »Die Schweizer haben es an nichts fehlen lassen, um den deutschen Kindern den Tag bei ihnen so schön wie möglich zu gestalten«, berichtete die *Schwäbische Zeitung* am 20. Dezember 1946. Auch die Kinder aus Vorarlberg durften einen Sonntag in einer Schweizer Familie verbringen, um sich wieder einmal so richtig satt essen zu können.

Eine Landschaft verändert sich

»Während der letzten Jahrzehnte schlägt der ›moderne‹ Mensch, wo immer er auftritt, entstellende Narben ins Antlitz der Natur. Das ›Moderne‹ scheint vielfach gleichbedeutend mit Verhunzung der Naturschönheiten zu sein.« Mit diesen Sätzen begann im Jahr 1926 eine Ausgabe der Zeitschrift *Badische Heimat* über den Untersee. Was empörte den Konstanzer Autor William Maerker so sehr? »Da ist es der moderne Hotelpalast, der an so vielen schönen Plätzen wie die Faust aufs Antlitz der Natur wirkt.« Das Hotel in Bad Schachen am Lindauer Bodensee war ihm ein solches Beispiel – heute erinnert uns das Haus nostalgisch an die Blüte der Hotelkultur am Bodensee. »Die Flucht aus der Großstadt ist es dann ferner, die heute erschreckende Folgen insofern zu zeigen beginnt, als jeder, der das Geld hat, noch rasch ein Stück Natur sich einzukaufen sucht, sich anbaut, wo es schön ist, ohne jede Rücksicht auf diese schöne Landschaft.«

Zum einen war es der aufblühende Tourismus, der im Außenbereich der kleinen Fischer- und Bauernsiedlungen zu einem Bauboom führte. Die Region warb damit, idealer Altersruhesitz fernab der Großstadt zu sein. Villen veränderten das Ortsbild, wie J. C. Heer über Ermatingen berichtete: »Das Dorf aber ist keineswegs bloß Fischeridyll, sondern trägt im obern Teil, durch den die Landstraße Konstanz–Schaffhausen läuft, das Gepräge eines städtisch angehauchten Gemeinwesens, eines Ausflügler- und Kurortes. Villen wechseln mit blanken alten Holzhäusern, die als besondere Zier Sprüche tragen.«

Vor allem zwischen 1900 und 1950 wurden am Seeufer zahlreiche Bade- und Wochenendhäuschen errichtet. Allein im Sommer 1929 registrierte die »Thurgauische Verkehrsvereinigung« am kantonalen See- und Rheinufer 30 neue Bade- und Sommerhäuschen; zudem wurden 40 Grundstücke am Ufer eingezäunt, wodurch sich der öffentliche Zugang zum See verringerte. Bereits 1928 beobachtete der »Verkehrsverein Untersee und Rhein« eine regelrechte »Wochenendhäusersucht«. In der wilden und amtlich kaum kontrollierbaren Verbauung und Privatisierung der Seeufer sah der Verkehrsverein eine Gefahr, da die Region als Kurlandschaft an Attraktivität verliere, weil eine Privatisierung des Ufers »dem Publikum, besonders auch den Kurfremden, den Zutritt zum See« verwehren würde. Ganz anders die Einstellung der Landwirte: Sie freuten sich, dass sie ihre sauren und sumpfigen Wiesen, die landwirtschaftlich kaum nutzbar waren, für gutes Geld an Städter verkaufen konnten.

Und dann war es die Ansiedlung von Industriebetrieben, die in Konflikt mit Tourismus und Landschaftsschutz geriet. Vor den

Toren von Konstanz, direkt am Ufer des Seerheins veränderten Fabriken das Landschaftsbild – geplant war sogar, die Riedflächen vor der Insel Reichenau auszubaggern und dort einen großen Industriehafen anzulegen. Der Rheinfall, der die Schifffahrt nach Rotterdam und Amerika behinderte, hätte dann durch eine Schleuse ersetzt werden müssen. Bis 1961 wurden solche Pläne immer wieder öffentlich diskutiert – in jenem Jahr verschwand die letzte, innerhalb von fünf Jahren ausgearbeitete Studie in den Schubladen der Stuttgarter Landesregierung.

Ferienhäuser am Seeufer auf der Halbinsel Höri.

Am Rheinfall war bereits 1887 ein Streit um die Nutzung des Ufers durch die ansässige Eisen- und Aluminiumindustrie entbrannt, der mehrfach die Gerichte beschäftigte. Der Schaffhauser Redakteur Hermann Freuler kämpfte »gegen die Verunstaltung des Rheinfalls durch derart überdimensionierte Industriebauten, wie sie die Gebrüder Neher vorgesehen hatten«, und betonte die Bedeutung des Tourismus: »Dieser gewaltige Personenverkehr ist in seiner Bedeutung für Schaffhausen an die Stelle getreten des früheren Warentransportes, und wahrhaftig, der Tausch ist kein schlechter.«

Eine Landschaft wird geschützt

Luftbild des Rheinfalls bei Schaffhausen, am linken Bildrand Fabrikanlagen.

Es dauerte noch Jahrzehnte, bis sich die Einsicht durchsetzte, dass ein Schutz dieser einzigartigen Landschaft unabdingbar ist. »Verschwinden doch auf dem Gebiet der ewig jungen Natur all die politischen Grenzen, all der Parteihader und ebenso auch die sozi-

Aus der schwimmenden Vogelwarte Radolfzell wurde während des Zweiten Weltkrieges ein militärischer Wachposten.

alen Standesunterschiede: ob reich, ob arm, ein jeder kann sich an den Wundern der Natur in gleicher Weise erheben und stärken!«, schrieb William Maerker. Natur, natürliche Landschaft wurde zum Gegenentwurf der krank machenden Stadt, der krank machenden »modernen« Gesellschaft.

Erste Hinweise auf Schutzbestimmungen finden sich bereits Ende des 19. Jahrhunderts. So wurde den bei der Rheinregulierung beschäftigten Arbeitern verboten, ihren kargen Speisezettel durch den Fang von Singvögeln und das Ausnehmen von Vogelnestern aufzubessern. Gerade die aus Italien herangezogenen Arbeiter gingen dieser Gewohnheit nach. Im Jahr 1911 ist im *Stockacher Tagblatt* von »großer Wohnungsnot« unter den Singvögeln zu lesen: »Unsere gekünstelte Durchforstung, die Entfernung jeden hohlen Baumes, die Abholzung unserer eingewachsenen Bach- und Flussufer, die Ausrodung unserer Hecken zwischen Rainen und Äckern, an Waldesrändern und ihr Abbrennen sind die Hauptursachen dieser Wohnungsnot und des Zurückgehens und Verschwindens mancher Vogelart.«

Die Verbauung der Seeufer durch Wochenendhäuser führte auch zu einer Rodung der Schilfflächen, die bis ins 20. Jahrhundert hinein noch weite Teile des Ufers bedeckten. Schilfröhrichte waren nicht nur Rückzugs- und Brutgebiet zahlreicher Wasservögel, sondern auch die Kinderstube der Bodenseefische. Das dichte Schilf schützte die Jungfische vor gierigen Räubern, die sie sowohl aus dem Wasser als auch der Luft bedrohten. Den Rückgang der Fischbestände im Untersee führte man bereits in den 1930er-Jahren auf die Rodung des Schilfs zurück. Daher wurden die noch bestehenden Schilfufer geschützt, und in einzelnen Gemeinden wurde den Seegrundstücksbesitzern verboten, weiterhin Schilf zu roden.

Erste Schutzmaßnahmen begannen bereits in den 1920er-Jahren. 1926 wurde die Seefelder Aachniederung unter Schutz gestellt. Mit dem Reichsnaturschutzgesetz von 1935 wurden zahlreiche Uferbereiche als Landschaftsschutzgebiet ausgewiesen.

Bis dahin war der Landschaftsschutz Aufgabe ehrenamtlich tätiger Vereine gewesen. In Vorarlberg bemühte sich die Fachstelle für Naturschutz seit 1926, das Rheindelta unter Schutz zu stellen, da »im ganzen Verlauf des Alten Rheins und am ganzen Vorarlberger Bodenseeufer bis entlang zum so genannten Rohrspitz jedes Jahr durch Fischer sämtliche erreichbaren Nester von Wasserhühnern, Haubentauchern, Enten, Möwen und anderen Vögeln zerstört und ausgeplündert werden«. Vogelfreunde beobachteten seit der Jahrhundertwende das Verhalten der Zugvögel im Wollmatinger Ried und auf der Radolfzeller Halbinsel Mettnau. 1927 erwarb der Bund für Vogelschutz erste Flächen im Wollmatinger Ried sowie die Jagdpacht auf der Mettnau. Ziel war es unter anderem, den Abschuss von Wasservögeln zu verhindern. Ein Jahr später wurde in Radolfzell eine Vogelwarte gegründet, und im Scheffelschlösschen auf der Mettnau eine Beobachtungsstation eingerichtet. Durch Beringungen sollte das Zugverhalten der Vögel untersucht werden.

Nach dem Zweiten Weltkrieg wurde die Vogelwarte Rossitten, welche seit 1901 auf der Kurischen Nehrung als erste derartige Forschungsstation betrieben worden war, nach Radolfzell verlegt.

Sie besteht bis heute, seit 1998 als Abteilung des Max-Plank-Instituts für Ornithologie. Mit ihrer Unterstützung konnten in den 1970er- und 80er-Jahren das Naturschutzgebiet Bodenseeufer geschaffen werden. Dass die Wasserqualität unter den ungeklärten Abwässern leiden würde, hatte man bereits vor dem Zweiten Weltkrieg erkannt, doch erst 1959 begannen konkrete Maßnahmen, um den See als Trinkwasserspeicher zu schützen. Ganze 25 Jahre dauerte es, bis erste Erfolge eintraten. Heute ist der See wieder so sauber wie vor 1950. Auch die Nutzung des Sees als Freizeitrevier wurde eingeschränkt, Bootszulassungen wurden reglementiert und die Zahl der Motorboote beschränkt. Der See ist heute für alle da – für die Menschen, die hier leben, wie für die Gäste, die zur Erholung anreisen, und für die Vögel, welche aus ganz Europa den See zum Rasten und Brüten aufsuchen.

Nachfolgende Doppelseite: Schilfgürtel säumen den Untersee – sie sind bis heute wichtige Schutzräume für Vögel.

Ein Storch wird vermessen und beringt.

Bildnachweis

Folgende Museen und Archive haben dieses Buch mit Bildern unterstützt:
Besucherzentrum des Max Planck Instituts für Ornithologie, Schlossallee 2, 78315 Radolfzell: S. 135
Hermann-Hesse-Höri-Museum, Kapellenstraße 8, 8343 Gaienhofen: S. 110
Hopfenmuseum Tettnang, Hopfengut 20, 88069 Tettnang: S. 55, 56
Maggi-Museum im Gütterli-Hüsli, Julius-Bührer-Straße 8, 78224 Singen: S. 101
Mainau Gmb Insel Mainau, 78465 Insel Mainau: S. 117
Mosterei-Museum Möhl, St. Gallerstr. 213, 9320 Arbon (CH): S. 52
Schulmuseum Friedrichshafen, Friedrichstraße 14, 88045 Friedrichshafen: S. 95, 96
Seemuseum Kreuzlingen, Seeweg 3, 8280 Kreuzlingen (CH): S. 59, 63, 66, 68, 73, 74, 80, 90, 92
Stadtmuseum im Schlössle, Scherzachstr. 1, 88250 Weingarten: S. 84
Stadtmuseum und - archiv Radolfzell, Seetorstraße 3, 78315 Radolfzell: S. 53, 91, 121, 123

weitere Bildgeber/Archive:
Deutsche Fotothek Dresden: S. 113; Helmut Fidler: S. 7, 8, 15, 18, 24, 27, 28, 29, 46, 65, 69, 97, 99, 103, 106, 109, 112, 124; Koni Füllemann: S. 62, 75, 77, 78; Otto Hoerth, Der Bodensee. Eine Rundfahrt längs seiner Gestade und seiner alten Kulturstätten. Union Deutsche Verlagsgesellschaft 1925: S. 13, 21, 22, 23, 31, 33, 44, 48, 60, 71, 83, 118, 120; Koch Photography Schaffhausen: Titelbild; W. Truckenbrodt, Der Bodensee im Luftbild, Stadler Verlag 1925: S. 47, 82, 132; Reichenau-Gemüse eG: S. 49, 50; Stadtarchiv Friedrichshafen: S. 104; Stadtarchiv Konstanz: S. 10, 76, 88, 89, 94, 100, 126, 127, 128, 133; Stadtarchiv Stein am Rhein: S. 70; Rudolf Steinhilber: S. 20, 32, 34, 36, 39, 40, 42, 51, 114, 131; Verkehrsverein Untersee und Rhein/Sammlung Clemens Schaeffle: S. 12, 16, 17, 19, 47; PD: S. 11, 43, 85, 86, 98, 105, 111, 115, 136.

Impressum

Produktmanagement: Dr. Birgit Kneip
Textlektorat: Thomas Theise, Regensburg
Grafische Gestaltung/Satz: Medienfabrik GmbH, Stuttgart
Herstellung: Bettina Schippel
Litho: Repro Ludwig, Zell am See
Druck und Bindung: Korotan Ljubljana d.o.o., Slowenien

Bibliografische Information der Deutschen Nationalbibliothek
Die Deutsche Nationalbibliothek verzeichnet diese Publikation in der Deutschen Nationalbibliografie; detaillierte bibliografische Daten sind im Internet über http: //dnb.d-nb.de abrufbar

ISBN 978-3-7658-1808-0

Ebenfalls erhältlich...

ISBN 978-3-7654-5427-1

ISBN 978-3-7654-5197-3

ISBN 978-3-7654-5195-9

ISBN 978-3-7654-4295-7